読み手に伝わる、
気持ちを動かす！

ゼロから始める

文章教室

小川こころ 著

ナツメ社

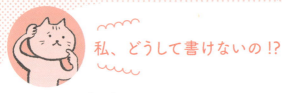

私、どうして書けないの⁉

文章がニガテな3つの理由

　この本の舞台は、青猫区猫町にある、こころ先生の文章教室。
「学生時代からずっと、自分の文章に自信がないんです」
「伝えたいことは何となくあるけれど、書こうとすると手が止まっちゃう」「そもそも、何を書いていいかわからなくて……」
　文章にまつわる悩みをもっている、年齢も職業もさまざまな人たちが、日々、教室にやってきます。

　この本を手にとってくださったあなたも、たぶん、教室の受講生さんたちと同じように、文章への苦手意識を抱えているのではないでしょうか。これまで何となく「書くこと」から逃げてきたけれど、そろそろ苦手を克服したい。「書くこと」が好きになれたら仕事も人生も豊かになるはずなのに、と――。

　そんなあなたに、まずは、心からの感謝をお伝えします。
「勇気を出して、書き手の扉をたたいてくださり、こんなに嬉しいことはありません。ありがとうございます！」
　これは、本を買ってもらうためのリップサービスではありません（もちろん、買ってもらえたら、この上ない喜びですが）。
　この先ずっと、あなたの文章を読めるかもしれない、「ひとりの読者」としての感謝と喜びです。

書くこと、伝えること
の楽しさを、

みなさんに届けるのが
私の仕事！

　これまで私は、対面形式やオンライン形式の文章教室を通して、4000人以上のみなさんの文章を読んできました。形式的には、一応「先生」という立場の私ですが、先生である前に、「ひとりの読者」という姿勢を何より大事にしています。

　4000人の文章には、4000もの人生と物語があります。
　家業を継いだＡさんの一文に、ガツンと心を揺さぶられたり、子育てと仕事を両立するＢさんの熱量あふれる想いに、ジーンと目頭が熱くなったり、起業したばかりのＣさんが、迷いながら絞り出した言葉に、何度も大きくうなずいたり……。

　ひとりの書き手が綴った文章が、どこかの読み手に届く。思考にスイッチが入る。共感をよぶ。自分を見つめる。行動を促す。社会が動くきっかけになる。どんなにネットワーク環境が整っても、人と人をつなぐのは、やっぱり「言葉」であり「文章」です。

　さあ、今日からあなたも、書き手の世界の住人です。私を含めた多くの読み手が、あなたの文章を待っています。本編に進む前に、まずは「文章への苦手意識」を取り払っておきましょう。次で紹介する３つのタイプ、あなたはどれに該当しますか？

理由 **1**

真面目でいい人だから

「書くことが苦手」という受講生さんたちのなかで、もっとも多いのが、このタイプ。どんなシーンでも真摯に取り組み、まわりへの心配りもできる、人望の厚い方たちです。けっこうゆるく生きている私にとって、あこがれの存在でもあります。

さて、こんな素敵な人たちが、なぜ文章に苦手意識をもつのか。
それは、「説明の多さ」「情報の詰め込み」が原因です。

真面目でいい人たちは、何かを文章で伝える場合、書いている途中でいろいろなことが気になります。「あ、この話も加えたほうがいいかな」「この情報をつけるとわかりやすいかも」。

そうやって情報を加えるうちに、最初は1行だった文章が、5行、10行と雪だるま式に増えていき……。ああ、オソロシヤ。

親切心や思いの深さゆえのダラダラした長文は、読み手に多大なストレスを与え、もはや書いた本人にも制御できない状態に。

でも、短い文でメッセージを伝える方法を身につければ、大丈夫。むしろ、真面目でいい人だからこそ生み出せる、繊細な気づきは大きな武器になるはずです。

文章教室に来る人でも、いちばん多いのがこれ！

理由2

作文を
ほめられたことがないから

「文章を書くのが苦手と感じたのはいつごろから？」

受講生さんたちにこう尋ねると、「小学生時代から」という声が圧倒的です。

「日記や作文が宿題に出ると、何を書いていいかわからなかった」「読書感想文が苦痛で、あらすじを書いてごまかした」。何とか苦労して原稿用紙を埋めても、先生にも親にもほめられず、「ここを修正しよう」などの指摘もなく、いつの間にか、書くことがきらいになっていった……。まさに、負のスパイラルです。

でも、日本の国語教育のありかたを考えると、こうなるのもしかたのないこと。学校の国語の授業では、読解力の習得が中心で、文章の書きかたを体系立てて教わる機会はほぼありません。

そのため、多くの人が「読み手に伝わる文章」を書く経験のないまま大人になり、苦手意識だけが刷り込まれてしまうのです。

もしもあなたが、いまも作文の呪縛にとらわれているなら、今日から作文のことを忘れ、自由になりましょう。作文向きの文章と、大人の世界で求められる文章は、別のもの。作文は苦手だったけれど、ライターとして活躍している人はたくさんいます。

そうそう、ほめられもけなされもしなくて、「そうだよね」って思ったよ……！

理由 3

自分の生活を、月並みと思ってるから

　先日、文章教室の受講生・どいのりさんが、ある文章を書く途中、何やら考え込んでいました。その文章は、自分の住む街について書かれたもの。「こんな文章、やっぱりダメ。私の平凡な感想なんて、誰も知りたくないですよね」とつぶやき、すべて消そうとしています。あー、ちょっと待って！

　このような勘違いを引きずると、書き手の扉をたたくうえで、少々やっかいです。ですから、この場できっぱり伝えましょう。
　特別な話題やエピソードより、あなた自身が日常で感じたこと、体験したことが、何より面白いネタになるのです。あなたの視点は、世界中どこを探しても、あなたしかもっていないものだから。……そう伝えると、彼女は少し考えて、こんな文を書きました。

　「水を張った田んぼに映る夕日。一日の終わりを告げるひぐらしの鳴き声。漆黒の空に瞬く小さな星たち。これまで、何もないからきらい、と思っていた街の『ある』に目を向けると、いろいろなことに気がついた」。みずみずしい情景描写と、ハッとする視点から生まれた文章が、心のすみずみに沁みわたりました。

だって私、ごく普通の会社員だし、

人に誇れる特技とかもないよ……？

いつの間にか刷り込まれた文章への苦手意識を、こうして一つひとつ紐解くと、どれも「苦手」と思い詰めるほどのものじゃないことがわかります。何だか肩の力が抜けたところで、さっそくあなたを、書き手の世界へご案内しましょう。

　本書では、小学校の作文以来書いたことがない人、SNSやブログを始めたい人におすすめの基本テクニックから、仕事で書くことが増えた人、セミプロライターをめざす人に必須の目的・媒体別テクニックまで、プロの文章術を全公開しています。
　これまで多くの方に、「文章を書くのが好きになった」「書くことや伝えることがこんなに楽しいなんて！」などの感想をいただいてきた、小川こころの文章教室の内容をたっぷり詰め込んだ、ワークショップ型の書籍です。テクニックをどういかせばいいかの簡単な練習問題も、随所に設けています。

　まずは、ちょっぴり予告編。
　読み手を飽きさせない文章には、音楽のようなリズム感やグルーヴ感が欠かせません。ちょっとしたことを意識するだけで文章にリズムが生まれますが、それはどんな方法でしょう？
　答えは、PART 1 にて。

まずはPART1の基本ルールから！
これだけで格段に上手くなるよ

ゼロから始める文章教室
CONTENTS

Prologue
私、どうして書けないの!?
文章がニガテな３つの理由 ... 2

PART1
たった１週間で上手くなる!!
５つの基本テクニックが、あなたの文章を変える ... 15

読み手を「疲れさせない」「考えさせない」のが大原則 ... 16

1日目
ルール1 一文を短くし、文章にリズムをつける
ひとつの文には、ひとつの意味だけ与える ... 18
1行、2行、3行の組み合わせが、リズムを生む ... 22
文末には変化をつけて。同じ表現は2回までに ... 26

2日目
ルール2 意図的な余白で、読ませるデザインに
書きっぱなしはダメ。大事な文は余白でたたせる ... 30
洗練された印象が生まれ、目線も自然と動く ... 34
同じくらいの文章量で、ブロックに分ける ... 38

3日目
ルール3 読む気にさせる〝見出し〞をたてる
文字の羅列だけでは、読む気になれない ... 42

ターゲットを意識し、「知りたい！」を誘う見出しに ……… **46**

大見出し、小見出しで分けると、さらに読みやすい ……… **50**

4日目

ルール4 小6でも読める "やさしさ" を重視

すぐわかる、が大事。「賢く見せたい」気持ちは捨てて ……… **54**

専門用語やむずかしい漢字は使わない ……… **58**

5日目

ルール5 "Why（なぜ）？" を意識して書く

5W1Hで、伝えたいことをより具体的に ……… **62**

Why ？ を意識すると、読み手の知りたい内容になる ……… **66**

PART2

最初の一文で、すべてが決まる！
読ませる文章の "しくみ" を覚える ……… **71**

書き出しが肝心。「面白い」「知りたい！」と思わせて ……… **72**

Point 導入部のテクニック

パターン1 いちばん面白いところを一文目にもってくる ……… **74**

パターン2 答えが知りたくなる「質問」から入る ……… **76**

パターン3 話題のネタ、軽い自虐をフックに使う ……… **78**

パターン4 ふたりの会話でストーリーに引き込む ……… **80**

パターン5「私は」でなく、第三者目線で始める ……… **82**

パターン6 否定文で始め、続きの文を引き立てる ……… **84**

Reason & Example 中盤のテクニック

「なぜなら」「たとえば」「もしも」で、思考を進める ……… **86**

具体例や数字が「なるほど！」を生む ……… 88

語彙力を高める3分トレーニングに挑戦！ ……… 90

五感を使って、読み手の心を動かそう ……… 92

コロッケは何色？　五感の表現トレーニング ……… 94

Point 締めのテクニック

最後は感想でなく、事実で締める ……… 96

「いいね！」をよびおこす、未来志向の提案を ……… 98

想像力がふくらむような余韻を残す ……… 100

PART3

5つのルールと流れをモノにする！
原稿用紙1枚分を書いてみよう ……… 103

長文も短文もハードル高め。最初は400字でOK ……… 104

Lesson1 決められたテーマで練習

お小遣いアップの依頼文を、400字で書く ……… 106

読み手を意識し、P、R&E、Pの順番で ……… 108

書いたら推敲。構成のズレやムダを見直す ……… 110

こころ先生
が朱入れ！ 自分中心のBeforeから、親の心を動かすAfterへ … 112

Lesson2 好きなテーマで練習

7つのテーマから好きなものを選んで書く ……… 116

まずはネタ集め。キーワードを10個書き出そう ……… 118

誰に何を伝えるか、情報を絞り込む ……… 120

事実＋意味づけで伝えたいことを明確に ……… 122

書いたら推敲。スッキリと読みやすく！ ……… 124

［こころ先生が朱入れ！］五感の表現を引き立て、朝食の情景が浮かぶ文章に……**126**

［こころ先生が朱入れ！］「私の視点」を軸にしつつ、読み手に役立つ提案を……**128**

Lesson3 最近のできごとで練習

「私ってどんな人？」チェックで、持ち味に気づく……………**130**

この1週間のできごとから、ネタを見つける…………………**132**

正論は抜き！「ずらし」テクで魅力的な文章に………………**134**

心理描写で、パーソナルな部分に訴える………………………**136**

推敲では、「思いました」をまず削る……………………………**138**

［こころ先生が朱入れ！］日常の1シーンの描写で、読み手の心を動かす………**140**

PART4

目的・媒体別レッスン①
SNSやブログで、思いを伝える　　　　145

Twitter 編

140字を有効活用。伝えたいことを、まず明確に………………**146**

スタート→ゴールの高低差で、短文にストーリー性を…………**148**

"読みたくなる"コメントでリツイートする……………………**150**

Instagram 編

アカウントのテーマと、キャラ設定を決める…………………**152**

一文の文字数はより短く。20字以内に収める…………………**154**

写真の魅力、ストーリー性を高める一文を……………………**156**

ブログ＆note 編

長文を読ませるには基本テクニックを意識して………………**158**

ターゲットとテーマは、つねに明確に…………………………**160**

読み手のメリットを意識しながら書く…………………………**162**

PART5

目的・媒体別レッスン②
みんなに役立つレビューを書く ·········· 165

食のレビュー 編

美味しかった♡ では、レビューにならない ·········· **166**

食感、口当たり、見た目、香り、余韻を具体的に ·········· **168**

池波正太郎に学ぶ！　食レポ名文のテクニック ·········· **170**

本・映画のレビュー 編

「考えられる」でごまかさず、自信をもって論評 ·········· **172**

抽象＋具体の繰り返しで、脱・読書感想文！ ·········· **174**

映画レビューは、あらすじからの7ステップで構成 ·········· **176**

旅のレビュー 編

思いを共有するには、読者を連れて旅に出よう！ ·········· **178**

旅で出会った〝人〟の描写を、第三者目線で ·········· **180**

マニアック解説は×。トリビア程度で関心をひく ·········· **182**

PART6

目的・媒体別レッスン③
読者に愛される〝中の人〟になる！ ·········· 185

イメージアップ 編

広報担当には、SNSのスキルが必須 ·········· **186**

〝中の人〟への親しみが、自社のイメージアップに ·········· **188**

宣伝要素は1割。あなたの視点や、「好き」を伝える ·········· **190**

不用意な発言、無知による炎上を避けるには ·········· **192**

セールスアップ 編

自身の店や、推しの商品の魅力を伝える ……… **194**
いまはまだないニーズを、言葉の力でよびおこす ……… **196**
相手が大勢でも、「一対一」と感じさせる文章を ……… **198**
キャッチコピーとボディコピーを上手に使う ……… **200**

PART 7

目的・媒体別レッスン④
ネットで"セミプロ"ライターをめざす！ ……… 203

実用記事 編

子どもにもわかる難易度で、役立つ知識を届ける ……… **204**
まずは800字前後で。見出しは3〜4つがめやす ……… **206**
SEO（検索エンジン最適化）も、必須のスキル ……… **208**

インタビュー 編

目的・内容・時間を明確にして、依頼文を送る ……… **210**
聞いた素材をどう調理するかは、あなたしだい ……… **212**
Q&A形式か、三人称で記事を構成 ……… **214**

ルポルタージュ 編

体験した事実を書く。街ブラも立派なルポになる ……… **216**
街や店、人、起きていること。事象を観察して歩く ……… **218**
自身の「視点」は残し、「主観」を排した記事にする ……… **220**

あとがき ……… **222**

本書の登場人物

こころ先生

元新聞記者。
ライターとして文章を書いたり、書くことの楽しさ、上達のコツを教室で教えたりして暮らしている

ねこ美

こころ先生の文章教室の生徒。
文章に自信はないけど、ブログやSNSで、思いを上手に伝えたいと思っている

ねこセンパイ

たまに登場する、ねこ美の会社の先輩。やさしい先輩だが、ビジネス文書がうまく書けないのが、ひそかなコンプレックス

たった1週間で上手くなる!!

5つの基本テクニックが、あなたの文章を変える

文章へのニガテ意識が強い人は、まずこの章から。
ブログやSNSの文章も、ビジネス文書も、
基本のテクニックは同じ。
1日1ルールずつマスターすれば、
1週間でニガテ意識を克服できます！

PART

読み手を「疲れさせない」「考えさせない」のが大原則

📝 長くて難解な文章は、タダでも読まれない

　メール、LINE、プレゼン資料、企画書、ネットのニュース記事、ブログ……私たちは日々、たくさんの文字情報に囲まれて暮らしています。けれども、これらの文章は、悲しいことに、スイスイ読めるものばかりではありません。

　残念な文章の特徴は、読み手の気持ちを考えない、一方通行の文章であること。いくら思いをこめても、ダラダラと長く小難しい文章は、誰にも読んでもらえないのです。

📝 読み手への愛をもって、やさしく、わかりやすく

　人が情報を得るツールといえば、かつては新聞、書籍、雑誌などの紙媒体でした。少し難解な文章でも、読者は努力してそれを読む「書き手優位」の時代です。しかしインターネットが浸透し、いまや誰もが情報発信者に。読みたいものだけ取捨選択できる「読み手優位」の時代へと変化したのです。

　いまの読み手が重視するのは、ストレスを感じずスッと理解できること。わかりやすくてイメージしやすい、「疲れない」「飽きさせない」文章です。

　まずは、人気の書き手が実践している「5つの基本テクニック」から、読ませる文章のコツを学んでいきましょう。

読みたくなる文章には、5つの法則があった！

1日1ルールで読み進めていけば、
1週間後には、文章が格段にうまくなる。

- ルール1　一文を短くし、文章にリズムをつける　▶P18〜
- ルール2　意図的な余白で、読ませるデザインに　▶P30〜
- ルール3　読む気にさせる〝見出し〟をたてる　▶P42〜
- ルール4　小6でも読める〝やさしさ〟を重視　▶P54〜
- ルール5　〝Why（なぜ）？〟を意識して書く　▶P62〜

PART 1　5つの基本テクニックが、あなたの文章を変える

1日目

ルール1　一文を短くし、文章にリズムをつける

ひとつの文には、ひとつの意味だけ与える

📝 長い話、長い文は、頭にスッと入らない

　誰かと会話をしていて、「ちょっと待って。何が言いたいかわからない」「もう一度わかりやすく説明して」と言われたことはありませんか？　一生懸命話しているのに、なぜ相手に伝わらないのでしょう？

　それはきっと、話の冗長さ（不必要に長くてムダが多いこと）が原因です。これは会話だけでなく、文章でも同じこと。**ひとつの文に、多くの内容を詰め込むと、読み手の理解が追いつかず、何が何だかわからなくなるのです。**努力して読み通しても、結果的に、頭に残ることはありません。

　「書いているうちに、いつのまにか長くなっちゃう」という人は、「一文一意」（一文一義）を意識してください。**「ひとつの文章には、ひとつのメッセージ（意味）を与える」ように心がけると、簡潔で読みやすい文章になります。**伝えたい話題や情報ごとに、一文ずつ句点「。」で区切り、整理しながら書きましょう。

いまから一年ほど前、私はセラピストとして起業したのですが、自分の思いをお客様にうまく伝えられず、ひとつのメール文に3日かかってしまうこともあり、書くことにストレスを感じていました。

文章力をもっと磨きたいと思い、noteやFacebookといったツールでもお客様の役に立つ記事を投稿していきたいと考えたのが、こころ先生の文章教室に通い始めた理由です。

ちょっと何言ってるかわかんない……
ねこ美の理解力のせい？

ううん。
「状況」「問題点」「結論」を一文に詰め込んでるから、読みにくくてわかりにくいんだよね

一年ほど前、私はセラピストとして起業しました。けれども、自分の思いをお客様にうまく伝えられず、書くことがストレスに。ひとつのメールに3日もかかってしまうほどでした。

文章力を磨いて、noteやFacebookでお客様に役立つ記事を投稿したい。それが、こころ先生の文章教室に通い始めた理由です。

PART 1　5つの基本テクニックが、あなたの文章を変える

「一文は40字まで」など、ルールを決めて書く

　読み手がストレスを感じないのは、「読む」というより、パッと「眺める」だけで頭に入ってくる文字量です。

　京都大学大学院・下田宏教授の研究によると、人が目を動かさずに一度で知覚できる文字数は9〜13字程度。Yahoo! JAPANが運営するニュースサイト「Yahoo! ニュース」に掲載されるトピックスの見出しの文字数は、「正確に認識できること」を考慮した14.5文字になっています。

　これを、横書きの文章で考えましょう。読み手がストレスなく、ササッと1〜2回、目を動かすだけで読めるのは、一文30〜60字程度です。それより少ない文字量なら、なおOK。長くても60字程度なら、それほど負担になりません。

　まずは一文あたり40字程度、次は30字程度と、数を決めて書いてみましょう。これだけで文章力が確実に上がります。

文章のねじれがなくなり、スマートな文章に

　文章は、「主語」と「述語」で成り立っています。

　基本的に「何が」にあたる主語があり、それに対応する言葉として「どうする」という述語があります。このふたつの関係が成り立たないときに、「文章のねじれ」が生じます。

　文が複雑になり、情報が増えるにつれて、主語と述語が遠ざかり、文章がねじれるリスクが高まります。つまり、「悪文」になりやすいということ。文法上の誤り以上に、読みにくく、わかりにくいのが最大の問題です。

　一文を短くし、「一文一意」を徹底すれば、このリスクを回避できます。さらに、主語と述語をなるべく近くに配置するよう意識すると、シンプルで理解しやすい文章になります。

やってみよう！

はずかしい人は
ワードで打ってね

以下の文章を、「一文一意」「一文40字以内」にし、読みやすく書き直してみよう。

LESSON 1

　私はヨガインストラクター歴10年で、カルチャースクールなどで、ヨガのポーズや呼吸法を指導しているのですが、なかにはお孫さんと参加する60代や70代の生徒さんもいて、大家族のようににぎやかです。これからも、みんなが笑顔で毎日を過ごせるように、ヨガの魅力を伝えていきます。

∨

LESSON 2

　インターネット上の情報やできごとを正しく選択・理解する「ネットリテラシー」が大事といわれて久しいですが、実際にはいまも、デマや誤りを含む情報に惑わされる人が多いのが現実です。大人も子どもも、どうすればネットリテラシーを高められるかを、社会全体の課題として考える必要があります。

∨

021

1日目

ルール1 一文を短くし、文章にリズムをつける

1行、2行、3行の組み合わせが、リズムを生む

📝 短い文に慣れたら、「短い文＋長い文」に挑戦！

　P20で学んだ、基本の文字量を覚えていますか？　「一文は30〜60字程度。それより少なければ、なおOK」でしたね。これに慣れたら、「短い文＋長い文」の組み合わせに挑戦しましょう。

　文章のリズムは、音楽のリズムと似ています。一本調子でメリハリのない楽曲は、聴いているうちに眠くなってしまいますよね。一方、音量や音の長さなどに、強弱や緩急、アクセントがついた楽曲は、心地よいグルーブ感と絶妙な緊張感を生み出し、オーディエンスの感情に強く訴えかけます。

　文章を書くときも、「短い文」と「長い文」の組み合わせを意識すると、音楽のような効果を生み出せます。その方法は、とてもシンプル。「1行」「2行」「3行」の文章をランダムに配置すればOKです。最初の一文が「1行」なら、次は「3行」、その次は「2行」のように、一文ごとに変化をつけるとあら不思議！　読み手の心を揺さぶる、洗練された文章になりますよ。

Good 　10年ぶりに、地元の長崎に帰郷した。　←1行
　学校の帰りに友だちと遊んでいた公園はマン　←3行
ションになり、虫捕りをしていた林は道路になり、私の
思い出は何もかもなくなっていた。
　唯一、変わっていなかったのは、「リエちゃん、お帰り」　←2行
と迎えてくれた雑貨屋のおばちゃんの笑顔だった。

2行→　桜のつぼみがふくらみ始めた3月9日の卒園　**Good**
式、35人の園児たちを送り出しました。
3行→　歌が大好きな子、大きな声で笑う子、負けずぎらいの
子、お絵描きが得意な子……みんなといっしょに過ごし
た日々は、キラキラ輝く、大切な宝物。
1行→　一人ひとりの成長を、これからも応援しています。

PART 1　5つの基本テクニックが、あなたの文章を変える

そうそう、音楽の楽譜でも「速く」「ゆっくり」とか指示があるでしょ？

その変化が、楽しさや心地よさにつながるの

読んでて楽しいね！
「グルーヴ感」みたいな感じ？

盛り上げたいところでは、1行の繰り返しも効果的

「歌詞」といえば、どんなフレーズが思い浮かびますか？ 誰もがよく知る童謡「春の小川」の歌詞を見てみましょう。

――春の小川はさらさら行くよ／岸のスミレやレンゲの花に／すがたやさしく色美しく／咲けよ咲けよとささやきながら

歌詞に使われる文章の多くは、1行で完結する短い文の繰り返しで構成されています。短い文を重ねることで、言葉の一つひとつが強調され、歌にこめられた思いや情景がイメージしやすくなるからです。

文章を書く場合も、書き手の熱量を伝えたいときや、読み手の気持ちをぐっと盛り上げたい場面では、1行を繰り返すテクニックが有効です。

テンポを上げて引き込んでいく感じだね！

Good

「出張家庭料理サービスNYAGOKORO」を始めたのは、母の料理がきっかけです。

人を喜ばせるのが大好きな母は、コロッケや肉じゃが、シチュー、餃子など、毎日さまざまなメニューをつくってくれました。

温かい食事は、おなかと心を満たします。食卓に笑顔があふれ、家族の会話もはずみます。明日が楽しみになります。

忙しい日々のなかで、ほっと心がなごむひとときをお届けしたい――それが「NYAGOKORO」の願いです。ご家族のお好みやご希望に寄り添い、心をこめて調理します。

| や | っ | て | み | よ | う | ！ |

次の文章を、1行、2行、3行の組み合わせや、1行の繰り返しを使って、リズム感のある文章に変えてみよう。

　私はこれまで、自分に副業なんて無理だと思っていました。
　小さいころから書くことが好きだったから、ライターへの憧れはありました。でも、不器用な私が仕事をかけもちするなんて、想像もできませんでした。
　現在、本業が休みの日にwebライターをしています。自分の記事を誰かが読んで、クスッと笑ってほしいとか、やさしい気持ちになってほしいとか、そっと背中を押してあげたいとか、想像しながら書いています。

∨

1日目

ルール1 一文を短くし、文章にリズムをつける

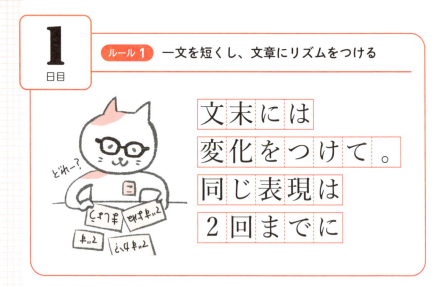

敬体と常体。目的と好みにあうのは？

　私たちが使っている日本語の文体には、「です・ます調」（敬体）と「だ・である調」（常体）の2種類があります。ひとつの文章のなかでは文体を統一し、両者を混ぜずに書くのが基本です。

「〜です」「〜します」のように、文末を丁寧語で統一するのが「です・ます調」。手紙や紹介記事、説明文などに使われます。この本の文体も「です・ます調」で書いています。

　一方、「〜だ」「〜である」のように、文末を断定形で統一するのが「だ・である調」。新聞記事やレポート、論文などに使われます。ブログやSNSなどは、どちらの文体も使われていますね。「です・ます調」は、ソフトで親しみやすい雰囲気をもつ反面、一文が長くなりやすく、まどろっこしい印象もあります。「だ・である調」は、自分の意思を力強く伝えられる反面、「押しつけがましい」「エラそう」な印象を与えることも。両者のメリット・デメリットを知り、好みや目的にあった文体を選びましょう。

です・ます調

　20年前の夏休み、北海道で10日間の自転車旅行に挑戦したことがあります。

　スタート地点の札幌から、稚内、網走、知床を経由し、ゴールの中標津まで、ドキドキのひとり旅でした。風の音と鳥のさえずりをBGMに、美しい大地をひた走りました。

　いまでも忘れられない、大切な思い出です。

いちばんよく見る文体だよね。
ネットの記事もこっちが多いかな？

だ・である調

　20年前の夏休み、北海道で10日間の自転車旅行に挑戦した。

　スタート地点の札幌から、稚内、網走、知床を経由し、ゴールの中標津まで、ドキドキのひとり旅である。風の音と鳥のさえずりを聴きながら、美しい大地をひた走った。

　いまでも忘れられない、大切な思い出だ。

こっちはなんだか
プロっぽーい！

そうだね、
エッセイやコラムでもよく見るよね

PART 1　5つの基本テクニックが、あなたの文章を変える

✏️ イレギュラーな文末も加えて、リズム感アップ！

　文章を書いていると、同じ文末が続いてしまうことがあります。「です・ます調」の場合は「す」の文末が続いたり、「だ・である調」では「だ」の文末が続いたりする現象です。

　同じ文末表現も2回までなら気になりませんが、3回続くと、読み手が「退屈だ」「つまらない」と感じる要因に。文末のバリエーションを覚えて、読み手を飽きさせない工夫をしましょう。

　おすすめは「体言止め」「助詞で終わる」「疑問形や提案形を使う」の3つ。文章にリズムを促すアクセントにもなりますよ。

手軽に使える3つのバリエーションを覚えておこう

バリエ1と2は、使いすぎると逆効果。
ひとつの文章で各1〜2回程度に。

バリエ①　体言止めにする
名詞や代名詞などを表す「体言」で終える。

例　休日のベランダでランチ。家にいながらアウトドア気分。

バリエ②　助詞で終わらせる
「に・も・へ・を・が」などの助詞が使いやすい。

例　休日のベランダでランチを。家にいながらアウトドア気分に。

バリエ③　疑問形や命令形に
提案型の疑問形なら、やさしい印象になる。

例　休日のベランダでランチはいかが？　家にいながらアウトドア気分を楽しもう。

やってみよう！

次の「です・ます調」「だ・である調」の文章を、文末の
バリエーションを工夫して書き直してみよう。

LESSON 1

「モツ鍋」は福岡のご当地グルメです。新鮮なモツと野菜を、醤油ベースのスープで煮込みます。
　シメには、うま味たっぷりのスープでいただくちゃんぽんがおすすめです。一度食べたらやみつきになります。

∨

LESSON 2

　今回紹介するのは、原宿にあるカレー屋である。60代くらいの愛想のない夫婦が切り盛りする店だ。
　私が注文したのは、いちばん人気のカツカレーだ。言葉にならないほどの美味しさだ。一度食べてほしい味だ。

∨

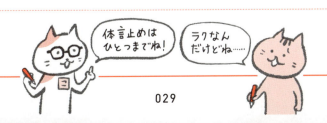

PART 1　5つの基本テクニックが、あなたの文章を変える

2日目

ルール2　意図的な余白で、読ませるデザインに

書きっぱなしはダメ。大事な文は余白でたたせる

✏️ ブログでもビジネス文書でも、「デザイン」意識をもって

　文章作成では、見出しや本文ばかりに気をとられがちですが、じつは文章と同じくらい重要なのが「余白」です。みなさんの近くにある書籍や雑誌、webサイトなどのページを見てください。そこには、文字や写真などが掲載されているほか、何もない空白の部分がありますよね。それが余白です。

　見た目の印象は、読みやすさにも大きく影響します。スペースいっぱいに文字が詰まっていると、目が疲れ、ストレスを感じ、読む気が失せてしまうもの。それを解決するのが余白の役目。余白のおかげで、読者にやさしい文章になるのです。

　余白は自然に生まれるものでなく、意図的につくるものです。余白づくりの基本は、適度な改行から。Wordなどのレイアウト設定では、上下左右を広めにあけ、1枚あたりの行数を少なく設定しましょう。大事な文章に注目してほしいときは、その文の前後を1行ずつあけると効果的です。

> ブログ
> の場合

MyBlog

30歳から始める！ リセット美容術

　アラサーのみなさん、スキンケアってどうしていますか？　私の場合、20代のころは、クレンジング、洗顔、化粧水、美容液、乳液、週2の顔シートパックと、徹底ケアをしていました。でも、30歳で出産してからは、仕事や子育てに追われ、化粧水と乳液だけ…。笑　完全に手を抜いていました。すると昨年、手抜きのツケがまわったのか、ブツブツガサガサのダメージ肌に！「このままじゃ危険！」と気づき、アラサーにぴったりのスキンケアを研究しようと決意したのです。

MyBlog

30歳から始める！ リセット美容術

　アラサーのみなさん、スキンケアってどうしていますか？　私の場合、20代までは美容アイテム一式を揃え、徹底的に保湿していました。でも30歳で出産後は、仕事や育児に追われ、化粧水と乳液だけ……。笑　完全に手を抜いていました。

　すると昨年春から突然、ブツブツガサガサのダメージ肌に！「このままじゃ危険」と気づき、大人肌に最適なスキンケアを必死で追求することに。

　その集大成が「30歳からのリセット美容」です。

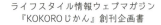

ビジネス文書の場合

> 熱意は伝わるんだけど……
>
> この企画書はちょっと通せないかな……

Bad

ライフスタイル情報ウェブマガジン
『KOKOROじかん』創刊企画書

　このたび当社はユーザー向けウェブマガジン『KOKOROじかん』創刊についての企画を立案しましたので、ご検討をお願いします。
　『KOKORO時間』のコンセプトは、「大人の好奇心を刺激し、自分らしい生き方を提案するライフスタイルマガジン」です。仕事に、子育てに、家事に、忙しく過ごしている30〜50代の女性たちの暮らしを鮮やかに彩り、上質で心地よい日々を届けたいと思っています。
　企画の趣旨については、次のように考えています。一つめは、当社ユーザーに向けた付加価値のあるサービスの提供および情報発信のツールとして育てていくこと。二つめは「女性の生き方を応援する会社」という当社の事業への取り組みを定着させるイメージアップ効果を生み出すことです。
　ウェブマガジンの概要につきましては、著名人のインタビュー特集、新製品やサービスのお知らせ、オンラインショップ情報、インフルエンサーによるコラム連載、生活や社会情報を切り口としたニュースや情報発信、エンターテイメント、カルチャー、デザイン、アート、食などの魅力を伝えるコーナーなどで……
　創刊号の配信リリース予定日は……
　スケジュールとしては、4月中に……社内クリエイティブ部門を中心に編集・制作スタッフを選任し、5月中旬までに第1回ミーティングを開催して、具体的な進行予定を決定……

Good

読んでもらえる！
ビジネス文書のつくりかた

上下左右は30mmはあける

行数は30行以内がベスト

文字の大きさでメリハリをつける

とくにタイトルは16ポイント程度に大きく！

ライフスタイル情報ウェブマガジン
『KOKOROじかん』創刊企画書

　このたび当社はユーザー向けウェブマガジン『KOKOROじかん』創刊についての企画を立案しましたので、ご検討をお願いします。

■『KOKOROじかん』のコンセプト
「大人の好奇心を刺激し、自分らしい生き方を提案するライフスタイルマガジン」。
　仕事に、子育てに、家事に、忙しく過ごしている30〜50代の女性たちの暮らしを鮮やかに彩り、上質で心地よい日々を届けたい。

■企画の趣旨
1．ユーザーに向けた付加価値のあるサービス提供および情報発信のツールとして。
2．「女性の生き方を応援する会社」という当社のイメージを定着させるためのイメージアップ効果として。

■ウェブマガジンの概要
・内容　　　著名人のインタビュー特集、新製品やサービスのお知らせ、オンラインショップ情報、インフルエンサーによるコラム連載、生活や社会情報を切り口としたニュースや情報発信、エンターテイメント、カルチャー、デザイン、アート、食などの魅力を伝えるコーナーなど。
・配信予定　○○○○年11月1日に第1号リリース
・発行形態　隔月刊

■スケジュール
　4月中に、社内クリエイティブ部門を中心に編集・制作スタッフを選任。
　5月中旬までに第1回ミーティングを開催し、具体的な進行予定を決定する。

> やってみよう！

次の例文が読みやすくなるように、余白のバランスや効果を考えながら、Wordなどのテキストエディタで入力してみよう。

おうちで楽しむカフェ時間

　おうちのくつろぎタイムに欠かせないアイテムといえば、やっぱりコーヒーですよね。多くの人を魅了するアロマの香りには、疲れた脳をすっきりリフレッシュする効果があるそうです。

　でも、「コーヒーが飲みたくなったら、街のカフェに出かけちゃう」「美味しいコーヒーを自宅で淹れるのはむずかしそう」という方も多いのでは？　今回は、喫茶店で長くアルバイトしていた私の経験から、ひと手間でカフェの味わいが楽しめる「おうちコーヒーの淹れかた」を紹介します。

打ったらプリントして見やすさをチェック！

見やすいレイアウトのコツ

- こまめに改行する
- 重要な一文の前後をあける
- 重要な文の文字の大きさや、書体を変えるのも効果的
- 上下左右をしっかりあける

2日目

ルール2　意図的な余白で、読ませるデザインに

洗練された印象が生まれ、目線も自然と動く

📝 情報が多すぎると、どこを見ていいかわからない

「余白恐怖症」を知っていますか？　「恐怖症」といっても、病気ではありません。新人のデザイナーが紙媒体やwebページをレイアウトする際、余白があると不安になり、文字や写真をぎっしり詰め込んでしまうことをオーバーに表現した言葉です。

「たしかに、情報がギチギチに詰まっていると、混乱するよね」と思ったあなた、正解です。人は、横書きの誌面を読むとき、「Z型」（左上→右上→左下→右下の順）に目線を動かします。縦書きならば、「N型」（右上→右下→左上→左下）ですね。このとき、情報どうしの距離が近すぎると、目線がスムーズに動きません。

情報と情報のあいだに余白をつくることで、文字や写真の関係が整理され、メッセージが読み手に伝わります。文章を書くときも、ページをデザインする気持ちが大事。さらに、「わかりやすく配置」「文字を頭揃えに」「情報ごとに文章量を調節」などの工夫をすると、読み手の目線が自然に流れます。

🖊 余白を戦略的に使うだけで、プロっぽいレイアウトに！

新たなプロジェクトを企画し、「さあ、会議で提案だ！」という大事な場面。ここで必要になるのが、プレゼン用の資料です。

でも、あれもこれもと情報を詰め込んだ、ごちゃごちゃしたこまかい資料では、思いを相手に届けることはできません。

相手の理解を促す「使える資料」には、ポイントを絞り込み、戦略的な余白で見せることが肝心。具体的な方法は、次の4つです。

①6W2H（When いつ／Where どこで／Who 誰が／Whom 誰に／Why なぜ／What 何を／How どのように／How much いくら）を意識し、提案やメリットを箇条書きに

②情報と情報のあいだや、表の枠内に適度な余白を入れる

③フォントを統一し、美しく仕上げる

④根拠がひと目で伝わるグラフや写真を入れる

読みやすいレイアウトで、自信をもってプレゼンしましょう。

🖊 色の使いすぎもNG。大事な言葉や文だけに使う

できあがった資料を見直して、「スッキリしない」「見栄えがよくない」と感じたら、それは色の使いかたのせいかも。どんな色をどこに使うかで、読みやすさやわかりやすさは格段に変わります。

色彩心理学の知見によると、配色の基本は、ベースカラー、メインカラー、アクセントカラーの3色です。

ベースカラーは、もっとも大きな面積を占める背景色。一般に、明度の高い（白みの強い）色を使います。メインカラーは、タイトルや見出しなどに使う色。会社や商材のイメージカラーとあわせるのがおすすめです。アクセントカラーは、文中のキーワードや、強調したいところに使います。メインカラーの反対色で、視覚的に目立たせると効果的です。

やってみよう！

以下の企画提案用のスライドを、レイアウトや配色を考えて、見やすくつくり直そう。

新製品「からあげちゃん」が売れる3つの理由

①唐揚げブームによる市場拡大	●少年漫画雑誌連載中の唐揚げマンガが大ヒット中！　今秋、映画化決定 ●中食需要はますます拡大。10坪以下のスタンド唐揚げ店が業績を伸ばしている
②食感での既存商品との差別化	●弊社オリジナル〇〇パウダーを衣に活用することで、冷めても、翌朝になっても衣がカリカリ！ ●お弁当に入れてもカリカリ食感が続く
③SNSでのターゲティング広告	●インフルエンサーは皆、唐揚げが好き！ ●スタイルのよいインスタグラマーが食べてくれれば、唐揚げをたくさん食べても太らないと思ってもらえるかもしれない ●唐揚げサイト閲覧者へのリターゲティング広告が有効

上記スライドの問題点

- 表の周囲にも表内にも余白がほとんどない。圧迫感が強く、見づらい
- 箇条書きがくどくど長く、頭にスッと入ってこない
- パワポの機能を何となく使ってレイアウトしている（見出しの背景の重い色、表の仕様）
- 一つひとつの話に根拠がなく、納得しながら読み進められない（グラフなど、ビジュアル化されたデータもない）

自分なりの新商品を考えて、書いてみてもいいね

問題点を意識して直していこう！

PART 1　5つの基本テクニックが、あなたの文章を変える

2日目 ルール2 意図的な余白で、読ませるデザインに

同じくらいの文章量で、ブロックに分ける

✏ 内容のまとまりごとに、「改行＋ブロック分け」を

　メール文やブログ記事を見て、「うわぁ、文字だらけ」「読むのが大変そう」と感じること、ありますよね。内容がどんなによくても、視覚的に見づらい文面は、読み手にストレスを与えます。

　人は、そこに書かれている情報を「ブロック（塊）」で捉える性質があります。編集用語でいえば、ブロックとは、複数の文で構成する「段落」のこと。ブロック分けができている文面は、整理された引き出しのなかと同様に、パッと見ただけで必要なものとそうでないものを判断できます。

　文書を作成するときは、話題のまとまりごとに改行して段落を変え、段落と段落のあいだに空白行（何も書かれていない行）を入れましょう。こうすると、話題の転換も明確になり、書かれた内容がするすると理解できます。メール文やコラム記事など、用途によって多少の違いはありますが、ひとつの段落は、1〜3行程度がめやす。最大でも5行以内にまとめましょう。

お世話になっております。青猫社の小山猫太郎です。先日は、エンジニア向けセミナーの件で、企画書をお送りいただきありがとうございました。ご要望に沿ったカリキュラムでご提供したく存じます。事前のお打ち合わせは6月11日（金）13時からお願いできれば幸いです。担当者とともに貴社に伺います。ご不明な点がありましたら、お気軽にご連絡ください。宜しくお願いいたします。

Bad

やだもう。
こんなの読む気しないよね

相手のことを考えず
ギュウギュウに
詰め込んでるものね

Good

お世話になっております。青猫社 小山猫太郎です。

先日は、エンジニア向けセミナーの企画書を
誠にありがとうございました。
ご希望に沿ったカリキュラムをご提案したく、
6月11日（金）13時より、お打ち合わせを
お願いできれば幸いです。担当者とともに伺います。

ご不明な点がありましたら、お気軽にご連絡ください。よろしくお願いいたします。

PART 1　5つの基本テクニックが、あなたの文章を変える

メールの例

MyBlog

雨の日を楽しくするとっておきアイテム

梅雨の季節、子どもは外で遊ぶことができず、
ストレスがたまってしまいますよね。

わが家の7歳、5歳、4歳の子どもたちも、
雨の日は元気をもてあまし、家のなかが運動会状態に……。
マンション住まいでまわりへの騒音を気にして、
私は一日中「静かにしなさーい！」と怒ってばかり。
胃が痛くなるほどのストレスでした。

でも最近、とっておきのアイテムを見つけたのです。
みなさんの家にもきっとありますよね、100均でも
手軽に購入できて、いつの間にか増えてしまう、アレ。

そう、マスキングテープ！

「貼っても跡がつかず、きれいにはがせる」という
特徴をいかし、室内の壁をキャンバスに見立てて、
思いっきりデコレーション遊びを楽しんでいます。

パッと見ただけで内容ごとの
まとまりってわかるね！

そうそう。もっと長い文章なら、
2行アキのところをつくるのもいいよ

やってみよう！

Wordなどを使って、以下のネット記事を
ブロック分けし、読みやすくしよう。

> ## 初心者でもプロっぽい写真が撮れる「8つの構図」
>
> こんにちは、街歩きフォトグラファー まろんです。
> カメラ初心者のみなさん、
> 「思いどおりの写真が撮れない……」と
> 悩んでいませんか？ あきらめるのはまだ早い！
> カメラを買ったばかりのころは私も、
> 「自分には写真のセンスがない」が口グセでした。
> 悩む私に、写真館を経営する友人が
> 教えてくれたコツがあります。
> それが、「プロが実践している8つの構図」。
> 構図って何？ 初心者にはむずかしいのでは？
> 半信半疑でしたが、教えどおりに近所の公園を撮影
> したら、プロ並みに魅力的な写真が撮れたのです。
> そんな私の実体験をもとに、本記事では、
> 初心者でもステキな写真が撮れる、
> まろん流撮影テクニックをお届けします。
> ぜひ、カメラを片手に読んでくださいね！

自然とブロック分けされる
WordPressっていう
ソフトもあるよ

3日目

ルール3　読む気にさせる"見出し"をたてる

文字の羅列だけでは、読む気になれない

📝 本や雑誌に、必ず見出しがあるのはなぜ？

　本や新聞、雑誌、ネット記事、ブログなどを読むとき、あなたの目にいちばんに飛び込んでくるものは何でしょう？

　きっとそれは、記事本文よりも大きめの文字で目立つようにデザインされた短い文章……「見出し」ですね。

　書き手にとって、効果的な見出しの作成は、本文の作成と同じくらい大切なこと。

　なぜなら読み手は、多くの文字情報を目にしたとき、まずは見出しに記されたキーワードを手がかりに、本文を読み進めようとするからです。

　見出しの役割は、「読んでみたい！」という読み手の好奇心をかきたてること。記事に書かれた内容を端的に伝えてあげること。そして、文章量が多めの記事でも、メリハリをつけて飽きずに読めるように促すこと。読み手の心をつかみ、本文へとスムーズに誘導する、なくてはならない存在なのです。

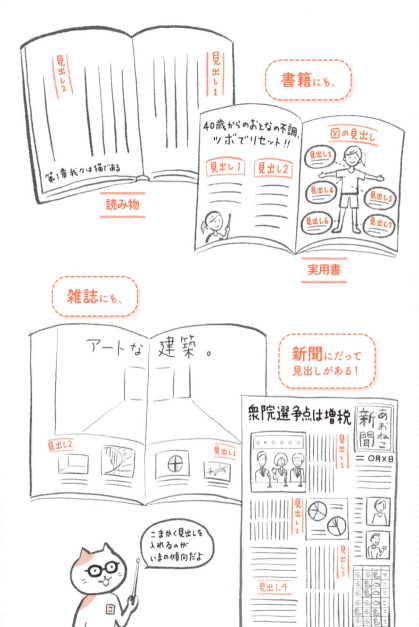

📝 読むべきか、読まざるべきか。すべては見出し次第！

人は文章を読むとき、見出しを拾い読みして、記事や文章を無意識に選んでいます。興味や関心を刺激する見出しをつければ、「本文も読みたい！」と思われる可能性がぐっと高まります。

見出しづくりのコツは、記事や文章の内容を、わかりやすく要約すること。このとき、「子どもも大人も大満足！　最新技術の楽しいイベントが盛りだくさん」のような、焦点のはっきりしない、抽象的な言葉はNG。「戦国時代にタイムトラベル！　VRを駆使した50の歴史体験ゾーンへ」のように、注目度の高いワードや数字を使い、具体的な言葉で表現を。読み手の頭にイメージがありありと浮かぶよう意識すると、いい見出しになりますよ。

> 見出しの効果で、文章の魅力を高めよう

見出しにはおもに、以下のような効果がある。

見出しの3大効果

効果1 「読みたい！」と心をつかむ、キャッチコピー的効果
→ 興味をくすぐり、「面白そう！」という気持ちをかきたてる。

効果2 記事の内容を端的に伝える、要約効果
→ 本文にどんなことが書かれているのか、パッと見で理解できる。

効果3 長い記事でもスイスイ読める、メリハリ効果
→ ポイントごとに読み手の関心をひきつけ、飽きずに読ませる。

やってみよう！

身のまわりの本や雑誌を見て、「いい見出し」を探してみよう

身近な本や雑誌を開いて、関心を
ひく見出しを探し、お手本にしましょう。

よくない見出しの特徴

- 漠然としすぎている
- そのあとに続く文章がイメージできない
- 単語が並んでいるだけ（論文や教科書のよう）
- 興味をひかれない
- 長すぎて頭に残らない
- よく考えないと意味がわからない
- たまにしか入っていない

いい見出しの特徴

- 具体的でわかりやすい
- キャッチーで思わず読みたくなる
- 短くてスッと頭に入る
- 主語と述語が明確
- 内容が変わるごとにこまかく入っている

小説とかは例外も多いよ

3日目

ルール3　読む気にさせる"見出し"をたてる

ターゲットを意識し、「知りたい！」を誘う見出しに

自分ごとと感じさせ、読み手をその気にさせる

あなたはいま、北海道旅行を計画していて、次のふたつの記事に出会ったとします。ひとつめの記事の見出しは「日本全国、美食を叶える人気ホテルを紹介します！」。ふたつめの記事の見出しは「カニ料理が自慢！　北海道で見つけた美食の宿5選」。

どちらを読みたいかと聞かれたら、もちろん後者でしょう。その理由は、「日本全国」というざっくりした情報よりも、「北海道」とテーマを絞った情報のほうが、あなたの関心により近いから。

読み手に刺さる見出しをたてるには、まず、あなたの文章の読み手となる「ターゲット」を理解しましょう。

年齢や性別、職業などの「属性」をはじめ、興味や関心、悩み、ライフスタイルなどに注目すると、読み手の心にピンポイントに響く、具体的な言葉が浮かび上がります。また、「5選」「1週間」のように具体的な数字を使ったり、その先のストーリーを想像させたりする見出しも、高い効果を生みます。

読み手の顔を思い浮かべて、見出しをたてる

いい見出しには、読み手に対する理解が不可欠。

読み手の属性&ライフスタイルは?

年齢、性別、居住地、出身地、学歴、家族構成、職業など。どんな生活か具体的に思い浮かべて。

読み手の関心事は?

興味、関心、嗜好、願望、悩み、課題、価値観、行動パターンなど。最近のトレンドにもとづく関心事も重要。

読み手に適した難易度は?

入門レベル、初級レベル、中級レベル、上級レベルなど。カタカナ語に慣れた年代か、苦手な年代かなども考えて。

読み手を意識した見出しの例

例1
時間がないときに役立つ、ストックおかず

↓

退社→お迎え後に5分で出せる!ストックおかず

例2
営業スキルを高める3つの方法

↓

営業にセンスはいらない!3つのスキルで明日から変われる

例3
夜間の中途覚醒は、排尿障害が原因

↓

また夜中に目が覚めた……その症状、泌尿器科で治せます

PART 1 5つの基本テクニックが、あなたの文章を変える

📝 読者の内にある、「知りたい欲求」を刺激して

好奇心は、"情報の空白"に対する反応である。

これは、カーネギー・メロン大学の行動経済学者ジョージ・ローウェンスタイン教授が1994年に発表した「隙間理論」の引用です。彼によると、人の脳は、知識や情報に欠けている部分（＝隙間）があると苦痛を感じ、その隙間を埋めようと必死になって、「知りたい欲求」を働かせるそう。

たとえば、クイズ番組で「気になる正解は、CMのあと！」と言われると、視聴者は答えが気になり、CMを見たうえで番組の続きを見ますよね。これも隙間理論の応用テクニックです。

見出しのたてかたにも、「隙間理論」は大きな効果を発揮します。教科書のような漠然とした見出しにせず、読者の内側にある好奇心を刺激するような、続きが気になる見出しをたてましょう。

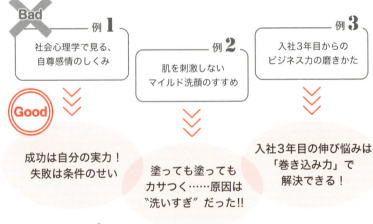

| や | っ | て | み | よ | う | ！ |

次の見出しを、読み手が「自分ごと」と感じたり、
「知りたい！」と思える見出しに変えてみましょう。

LESSON 1

京都の魅力、徹底解剖！

∨

LESSON 2

スマホに頼らない、おうち時間の楽しみかた

∨

LESSON 3

ますます深刻化する、日本の子どもの貧困問題

∨

> 正解はないから
> 楽しいアイディアを出そう！

PART 1　5つの基本テクニックが、あなたの文章を変える

049

3日目

ルール3　読む気にさせる"見出し"をたてる

大見出し、小見出しで分けると、さらに読みやすい

✏ あとに続く文章の構図が、ひと目でわかる！

　人は文章や記事を目にしたとき、見出しにリードされながら、あとに続く本文を読み進めます。では、見出しをたてる場合、ひとつの記事にいくつあればいいのでしょう？

　ここでポイントとなるのが、見出しの種類。見出しにはおもに「大見出し」「中見出し」「小見出し」の3つの階層があり、これらの組み合わせで、ページ全体の構成を整えます。

「大見出し」「中見出し」「小見出し」は、「親・子・孫」のような関係です。「親」である「大見出し」は、もっとも大きな文字で、記事全体のテーマを語るもの。「子」である「中見出し」は、その記事内の内容を大きく分けるもの。そして「孫」である「小見出し」は、そのあとに続く本文ブロックへの誘導役です。

　ページにたてた見出しを順に読んで、その記事が伝えたいことがわかればOK。ひと目で理解できる構成は、「読みたい気持ち」をかきたて、読み手の目線をスムーズに誘導します。

見出しには、おもに3つの階層がある

「大見出し」を頂点に、いくつもの見出しが並ぶ。

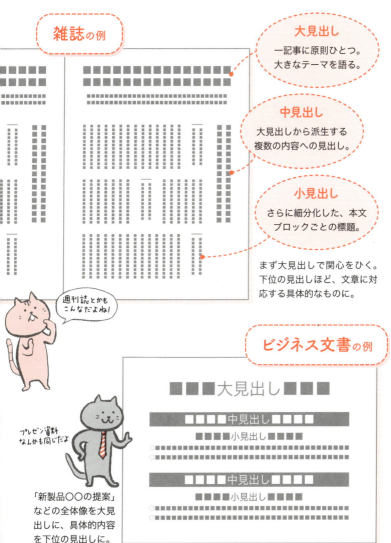

🖊 大見出しで大枠を、小見出しでは個別のネタを面白く

記事のてっぺんに入る大見出しは、「今回はこの内容を紹介するよ」という、大枠を伝えます。たとえば釣りのブログで、「今日は初心者向けの海釣りについて書こう」と決めたら、「初心者でも大丈夫！　海釣りの楽しみかた」のように、全体が把握できる大見出しをたてます。

2000文字を超えるようなボリュームのある記事の場合、大見出しで伝えた内容をいくつかの内容に分け、「初心者におすすめの７つ道具」「関東エリアの海釣り公園スポット」のように中見出しをたてます。さらに個別のネタについては、「万能タイプの竿を買う」というように、ブロックごとの小見出しで内容を伝えましょう。遊びのある話し口調などで、関心をひくのもアリです。

短めの記事の場合は、見出しが多すぎると、読みづらくなることも。その場合、大見出しと小見出しだけで十分です。

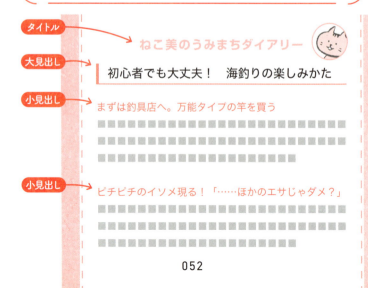

052

やってみよう！

次の記事に、大見出しひとつ、小見出しふたつを
入れて読みやすくしてみよう。

「小さいころから読書がきらい。でも、克服したい！」という人に、おすすめの方法を紹介します。

　まず、あなたが本を読まない理由を考えましょう。
「文字を読むと眠くなる」「フィクションの世界に入れない」「ゆっくり読む時間がない」「集中力が続かない」など、読書ぎらいには、何らかの原因があるはずです。

　いまでこそ年間200冊を読破する私ですが、じつは高2の夏まで、一年に一冊も読まないほど、大の読書ぎらいだったのです。そんな私に、「読書をすることは、自分の土壌をつくることだよ」と教えてくれた、担任のR先生。R先生は、次の３つの方法で、私を読書の世界に導いてくれました。

①まずは、絵や写真入りの絵本や童話、雑誌などを読もう

②スポーツや歴史など、自分の好きな分野の本を読もう

③読んだもののなかで、面白いと思ったことを誰かに話そう

興味をひくことが大事。
全体をカバーする見出しでなくてもいいよ！

PART 1　5つの基本テクニックが、あなたの文章を変える

4日目

ルール4 小6でも読める "やさしさ" を重視

すぐわかる、が大事。「賢く見せたい」気持ちは捨てて

✏ いざ書き出すと、急に格好つけちゃうのはなぜ？

「作文の秘訣を一言でいえば、自分にしか書けないことを、だれにでもわかる文章で書くということだけなんですね」——これは、小説家・劇作家の井上ひさし氏が、『井上ひさしと141人の仲間たちの作文教室』（新潮社）で語った言葉です。

人は文章を書くとき、自分を「賢く、知的に」見せようと、背伸びして難解な言葉や堅苦しい表現を使ってしまうもの。その根底には「文章を書くこと＝特別な人がすること」という固定観念があるのではないでしょうか。

たしかに、紙媒体が主流だった二十数年前まで、執筆は、かぎられた人の特別な行為でした。けれども現代のネット社会では、誰にでもできるあたりまえの行為です。無理に格好つけた小難しい文章は、理解しづらいだけでなく、書き手の思いや人間性が伝わらず、面白くありません。あなたのいちばん言いたいことを、読み手がちゃんと共有できるよう、明快な言葉で綴りましょう。

格調高く書くほど、「自分ごと」から遠ざかる

みなさんは、次の文章をどう思いますか？
——家庭もしくは生活環境の変化が誘因となって転居を繰り返したり、あるいは同じ家に定住している場合でも出張や出向などで一年中頻繁に外出していたり、内発的動機づけを伴わない旅は社会の至るところに遍在している。

うーん、何となくわかるけど、イマイチ頭に入ってこない。そう感じる人は、きっと多いでしょう。難解な言葉の羅列、延々と続く長文に、読み手は読む気を失い、げんなりしてしまいます。

格調の高さをねらった硬い文章は、内容を複雑にし、冷たさ、息苦しさを感じさせ、自分ごととして読んでもらえません。**たとえば、「しかし」という書き言葉を「でも」と話し言葉にしたり、「スルスル」「ふわふわ」のような擬音語を使ったりするだけで、「自分ごと」と感じさせる、親しみやすい文章になります。**

もちろん、世の中の文章には、論文や報告書、契約書など、格調の高さが求められるものもあります。シーンごとに、カジュアルな言葉、フォーマルな言葉を使い分けるといいですね。

すげーわかるー!!

駆け出しのころのプレゼン資料、
格好つけまくりで……
"できる"と思われたかったんだよね

ねこセンパイ……

このたびは「好きな音楽を聴く会」へのお誘いのため、メールを差し上げた次第です。

最近、音楽を聴く時間がない、新たな音楽にふれていない、という悩みを社員の方から伺っています。本会は、音楽がもたらすリラクゼーション効果やポジティブ効果を土台に、社員間の親睦を深め、来年への英気を養うべく、有志で立ち上げた企画です。ご参加の折には、好きな音楽とその理由をご紹介ください。クラシックやジャズ、ロックなど、ジャンルは問いません。ご参加をお待ちしています。

わかりやすくリライトしたよ

ゆっくり音楽を味わう時間がない。気がつけば、いつも同じ音楽を聴いている。こんな悩みを抱える社員はけっこう多い。そこで企画したのが「好きな音楽を聴く会」です。

「自分の好きな音楽」を好きなだけ語る——。参加条件はこれだけ。

毎日聴いているお気に入りの曲、学生時代に出会った思い出の曲など、あなたのとっておきの一曲を教えてください。

ご参加をお待ちしています！

やってみよう！

次の例文を、読みやすく、やわらかい
文章に書き直してみよう。

　10月のイベント「月夜の読書会」をご案内申し上げます。
　毎年秋、中秋の名月の時期に開催しております当イベントの特徴は、「月」または「夜」にまつわる本を、参加者が各自1冊ご持参いただき、自身の言葉でブックトークを実施し、アウトプットすることです。非常に感銘を受けた本、つらい時期の支えとなった本、新たな発想を喚起した本など、多くの出合いを享受できるのは必定です。
　本を通して有益な時間を過ごしましょう。

∨

やさしさ、わかりやすさは
読者への愛なんだ！

4
日目

ルール 4 小6でも読める "やさしさ" を重視

専門用語や
むずかしい漢字は
使わない

みんなは
鬱
って書ける-?

✏️ **「私の常識」は通じない！　とくにカタカナ語は危険**

　新聞や雑誌、webのニュース記事などは、情報をわかりやす
く伝えるため、「小学6年生でも理解できる文章を書く」ことが基
本となっています。むずかしいことを簡潔に、平易な言葉で言い
換えるには、書き手自身の理解力や表現力、心配りが試されます。

　たとえば、「スキームに沿って各自にアサインし、企画のサマ
リーへのコンセンサスをとるように」といった、ビジネスシーン
ならではのカタカナ語文章。「計画に沿って各自に仕事を割り当
て、企画の概要への合意をとるように」という意味ですが、「はぁ？
何を言いたいかわからない」と感じた人もいるでしょう。

　自分の所属する業界で使われる言葉が、世間の常識とはかぎり
ません。一般の人に向けて文章を書く場合、その言葉が、すでに
多くの市民権を得ているのか否か、気を配ることが必要です。

　カタカナ語と同じく、業界ならではの専門用語にも要注意。使
う必要があるときは、文章内に用語の説明を入れましょう。

058

業界でイニシアチブを握るにあたり、我が社は重要なフェーズに入っています。新アプリを10月にローンチできれば、重要なマイルストーンとなるでしょう。

そのため、ペンディングしていたアジェンダを早急にフィックスし、ワークフローにおける各自タスクを確認の上、リスクヘッジを徹底しながら進めてください。

インセンティブとして、実績に応じたボーナスを支給します。

自称、"できるビジネスマン"って感じ！

……ねこ美さんも案外、辛口ね

業界で主導権を握るにあたり、いま、わが社は重要な段階に入っています。新アプリを10月に公開できれば、重要な節目となるでしょう。

保留していた検討課題を早急に確定し、業務の流れにおける各自の任務を確認の上、危機管理と対策を徹底しながら進めてください。

目標を達成できた場合には、実績に応じたボーナスを支給します。

PART 1 5つの基本テクニックが、あなたの文章を変える

🖊 漢字の多い文章は、それだけで読みにくい

　漢字ばかりの文章も、同様に、読み手にストレスを与えます。
　製造業界の最新戦略動向の熟知には最適な顧客体験及び顧客管理の体制構築を把握することが必要だ。
　この例文のように、漢字を羅列した文章は、画数が多いので読みとりづらいもの。硬い印象を与え、理解にも時間がかかります。一方、ひらがなばかりの文章も、「よみやすくてへいいないんしょうですが、おおすぎるとやっぱりよみづらく」なります。
　文章における「ひらがな：漢字：カタカナ」のバランスは、「7：2：1」をめやすにするのがおすすめ。校正用語では、漢字をひらがなにすることを「ひらく」、ひらがなを漢字にすることを「とじる」といいます。常用漢字であっても、意識して〝ひらく〟ことで、文章がやわらかくスッキリした印象になりますよ。

常用漢字であっても、ひらくとやさしい印象に

どちらでもよい場合には、ひらいたほうが読みやすい。

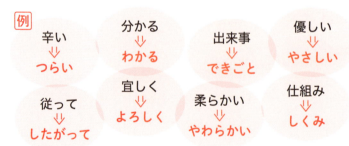

例
- 辛い ⇩ つらい
- 分かる ⇩ わかる
- 出来事 ⇩ できごと
- 優しい ⇩ やさしい
- 従って ⇩ したがって
- 宜しく ⇩ よろしく
- 柔らかい ⇩ やわらかい
- 仕組み ⇩ しくみ

Wordで打つと、最初に漢字のが出てきたりするよね

そうそう、それをそのまま使わず、意識して変えていこう！

やってみよう！

次の例文を、誰が読んでもすぐわかるように、
やさしい言葉で書き直そう。

　私は女性起業家専門のアドバイザーをしています。
　これからのビジネスでは、ダイバーシティを重視し、サステナビリティに配慮した経営を基軸とし、個々のバリューを生み出すことが必要です。
　独立相談、商材構築、市場選定及び開拓、資金調達方法模索、集客支援など、20年の経験から生まれた独自のメソッドとマネタイズ戦略で、あなたの未来をコミットします。

クライアントへの文章も
やさしくシンプルにね！

5日目 ルール5 "Why（なぜ）？"を意識して書く

5W1Hで、伝えたいことをより具体的に

具体性のない文章からは、何も伝わってこない

「5W1H」を知っていますか？　これは、新聞記者らができごとの要点をわかりやすく簡潔に伝えるための、文章の鉄則。「いつ（When）」「どこで（Where）」「誰が（Who）」「何を（What）」「なぜ（Why）」「どのように（How）」の頭文字です。

新聞記事だけでなく、どんな文章でも「5W1H」を意識して文章を構成すると、情報や状況が明確になり、内容を具体的に伝えることができます。

たとえば、SNSのこんな文章。同僚とランチ。お肉がやわらかくてジューシー。開店記念みたいでスープをサービスしてくれた。早く食べにいってね！　……ん？　なんかモヤモヤしますね。

「食べにいってね」と書かれているのに、店名、場所、サービス期間、メニュー名など、読者の知りたい情報がまったく入っていません。せっかく書いた記事も、5W1Hの要素が抜けると肝心なことが伝わらず、もったいない文章になるのです。

When（いつ）?
日程・時間・タイミング
事件であれば、いつ発生し、通報されたか。警察の公表はいつか。

Where（どこで）?
場所・環境
どこで事件が発生し、容疑者はどの方向に逃走したか。

Who（誰が／誰に）?
人物・対象者
誰をねらった事件だったか。特定されているなら、容疑者は誰か。

What（何を）?
行動・対象
何を目的に何をしたか。盗難物・破損物などがあれば、それは何か。

Why（なぜ）?
理由・根拠
容疑者はなぜ犯行に及んだか。怨恨か、金品目当てかなど。

How（どのように）?
方法・手段
犯人はどんな方法で事件を起こし、何を使って逃走したかなど。

報道部

あおねこ区で事件発生!!

PART 1　5つの基本テクニックが、あなたの文章を変える

✏️「書くことないな」の悩みも、5W1Hで解決！

ブログを書こうとパソコンの前に座っても、「何を書けばいいかわからない」と頭を抱え、時間だけが過ぎていく──。そんな悩みも、5W1Hで解決します。

記事のテーマは、特別なことじゃなくてOK。「新発売のアイスを買った」「実家から宅配便が届いた」など、テーマが何となく決まったら、「①いつ」「②どこで」「③誰が」「④何を」「⑤なぜ」「⑥どのように」の順番に、構成を考えましょう。最初は「何となく」だったテーマを6つの要素に細分化することで、書きたいことが頭のなかで整理され、文章のゴールやプロセスが見えてきます。

親友から届いたアスパラガス、新鮮で美味しい！
私の健康を、いつも心配してくれる彼女に感謝。

昨日、高校時代からの親友・うさ子からアスパラガスが届いた。
うさ子夫婦は2年前に脱サラし、秋田で農園を営んでいる。奥羽山脈の伏流水が育んだアスパラは、生で食べられるほどみずみずしい。独身で外食ばかりの私を、家族みたいに心配してくれるうさ子。同封の手紙には「ちゃんと野菜も食べてね」と書かれていた。ゆでたアスパラを口に入れると、やさしい甘みが広がり、なんだか鼻の奥がつんとした。

やってみよう！

次の例文を、「5W1H」の要素を使って、具体的で面白く読める文章に書き直そう。

LESSON 1

コンビニに押し入り、現金を強奪した犯人が逃走中。
∨

LESSON 2

連休中は九州を旅行した。食と温泉が最高だった！
∨

> お話をつくる感覚で楽しくふくらませよう！

PART 1　5つの基本テクニックが、あなたの文章を変える

5日目

ルール5　"Why（なぜ）？"を意識して書く

Why？を意識すると、読み手の知りたい内容になる

📝 詳細が書かれていても、事実の羅列だけでは退屈

　文章に「5W1H」を意識すると、必要な情報や詳細を盛り込むことができます。でも、これはまだ、事実を羅列しただけの状態で、文章の基本的な土台ができたにすぎません。

「この文章、面白い」「また読みたい！」と読み手に感じてもらうには、5W1Hの文章をもとに、さらなる「Why（なぜ）？」のツッコミが必要になります。

「昨日、コンビニでぐうぜん恩師に出会い、学生時代の思い出話で盛り上がった」という、5W1Hの要素を意識した文章。この一文を、読み手の立場で読み返してみると、いくつもの「なぜ」や「もっと知りたい」というポイントが浮かび上がります。

　たとえば「どんな思い出話をしたの？　行事の話？　それとも部活の話？」「どうしてその先生を、大切な恩師と思ってるの？」など。これらの「なぜ」に対する回答を文章に取り入れると、読み手の興味・関心をひける、魅力的な文章になりますよ。

Good 先週の火曜日、私はレンタカーを借り、ひとりで休暇を過ごすため、有馬温泉に出かけた。

何で平日に？

どうしてひとりで？

なぜ有馬温泉を選んだの？

その疑問に答えて書き直したよ！

Good 先週の火曜日、私はレンタカーを借り、ひとりで休暇を過ごすため、有馬温泉に出かけた。仕事でミスが続き、沈んだ気持ちをリフレッシュしようと、有休を使ってお得な平日限定プランに申し込んだ。突然の計画で、誰かを誘う時間もなく、ドキドキのひとり旅に。

でも、自由に散策したり、街の人と話がはずんだり、ひとり旅ならではの発見がたくさんあった。有馬温泉を選んだのは、以前訪れたとき、とろりとした泉質でガサガサ肌がすべすべになり、感激したから。3年ぶりの温泉を心ゆくまで堪能したら、トゲトゲの心もすっかりなめらかになっていた。

✎ 説得力を与えるためにも、"Why？"は重要

書き手であるあなたが、読み手のかわりに「なぜ？」と、自分の文章にツッコミを入れながら書く。これができたら、次は、読み手ごとの「なぜ？」を意識しましょう。

たとえば、取引先に提出する提案書。その文書を読むのは、日ごろからコミュニケーションをとっている担当者？ その上司の課長？ さらにその上の部長？ 読み手が明確なら、その人が知りたい「なぜ？」を掘り下げ、文章に組み込むことができます。

読み手がどんな立場で、何を知りたいかを意識し、相手にとって意味のある情報を伝える、説得力の高い文章にしましょう。

Bad

鹿山部長

　昨日、展示ブースにて、スタッフの言動にクレームがありました。厳重注意し、接客指導を徹底していきます。

Good

鹿山部長

　9月12日午前11時、展示ブースにて、お客様の熊野様からクレームをお預かりしました。

　展示物へのご不満に対し、スタッフ牛本が「それはお客様の勘違いで」と失礼な態度で応対したというものです。リーダーに確認すると、表現の差異はあるが、礼儀を欠く言動があったとのことでした。今後はこのようなことのないよう、チーフの私が責任をもって接客態度を指導していきます。

> ビジネスでも大事な視点だね！

| やってみよう！ |

次の例文（研修の報告文）について、読み手が直属の上司であることを意識し、「なぜ？」の視点で書き直してみよう。

　10月2日（金）、〇〇研修会場で、私は新卒対象のビジネスマナー講座を受講しました。
　新入社員向けに、わかりやすいカリキュラムになっていて、いろいろな発見がありました。午前9時から午後5時まで集中して取り組むことができ、とても勉強になりました。

∨

意外にむずかしいかも。
どんなことを書き足そう？

例文を読んでいて「なぜ？」って
思ったところを書き足すといいよ

PART 1 5つの基本テクニック Summary

RULE 1 一文を短くし、文章にリズムをつける

- 一文は30〜60字まで。それより短ければ、より理想的
- ひとつの文には、ひとつの意味だけ与える「一文一意」を意識
- 1行、2行、3行の文章をランダムに配置。リズム感のある文章に
- 文末に変化を。「体言止め」「助詞で終える」「疑問形・命令形」も効果的

RULE 2 意図的な余白で、読ませるデザインに

- 余白を多くすると、読み手がストレスを感じない
- 大事な文は、前後を1行ずつあけて強調
- プレゼン資料も、余白やフォント、色の工夫で読みやすく整理
- 内容のまとまりごとに改行し、ブロック分けする

RULE 3 読む気にさせる"見出し"をたてる

- 内容を端的に伝え、好奇心を刺激する見出しで、飽きずに読ませる
- ターゲットを意識し、「自分ごと」と思わせる見出しに
- 大見出し＋小見出しで、文章全体の構成をわかりやすく

RULE 4 小6でも読める"やさしさ"を重視

- 知的に見せようとしない。誰でも理解できる文にする
- 専門用語はわかりやすく言い換え。漢字の多用も避ける

RULE 5 "Why（なぜ）？"を意識して書く

- 「5W1H」をもとに、具体的で内容のある文章に
- "Why?"がいちばんの肝。読み手の知りたい内容を深める

最初の一文で、すべてが決まる！

読ませる文章の"しくみ"を覚える

文章上手になる5つの基本の
テクニックを覚えたら、
あとは、読者をいかに引き込むかの工夫が肝心。
とくに大事なのが導入文です。
いろんなバリエーションに挑戦を！

PART 2

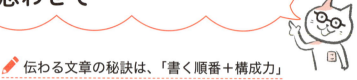

書き出しが肝心。「面白い」「知りたい！」と思わせて

📝 伝わる文章の秘訣は、「書く順番＋構成力」

「伝えたい情報があっても、伝わるように書けない」と悩んでいるなら、その原因は、思いつきで書き始めているからかもしれません。わかりやすい文章には、書く前にすべきことがあります。書く順番や構成する内容をざっと組み立てることです。

ここで役に立つのが、文章構成の基本となる「PREP法」です。

これは、「Point（記事の要点や結論）」「Reason（理由）」「Example（具体例）」「締めとしてのPoint（要点や結論）」の頭文字をとったもの。最初に結論や面白いポイントを述べ、次に、結論に至る理由やイメージしやすい具体例を提示し、再度結論を述べ、文章を締める。多くの文章に活用されている、論理的で説得力の高い構成法です。

📝 PREP法の「最初のP」で、気持ちをつかもう

PREPの4つの要素のなかで、もっとも重要なのは、「最初のP」。読者の気持ちを最後まで惹きつけるには、最初の一文がカギとなります。

ネット記事もエッセイも企画書もSNSも、すべての勝負は書き出しにあり。「その先が知りたい」「続きが読みたい」と、読み手の好奇心や興味をくすぐる一文を生み出しましょう。

文章構成の基本 P R E P 法を、ざっくりマスター

書き始める前に、書く順番や構成する内容を組み立てよう。

Point 結論
導入部のテクニック

一文目は結論や、面白ポイントで始める

結論は最後でなはく最初に。さらに文章を面白くする、「自虐ユーモア」「第三者目線」など、6パターンの導入テクニックを覚えよう。

▶P74〜

> ねこ美のおなかはいまにも破裂しそうだ。
> 比喩などではない。まさに破裂寸前なのだ

Reason & Example 理由と具体例
中盤のテクニック

「Why？」の視点で掘り下げる

中盤では、具体的なエピソードや事実で、読み手の共感や発見を引き出そう。根拠となるデータなどもここで紹介。

▶P86〜

> なぜならセンパイと焼き肉に……
> ビビンバと冷麺から選ぶなんて……

Point 再び、結論
締めのテクニック

納得感のある結論で締める

「こう思った」の意見、感想で終わらせず、読み手に自分ごとと感じさせ、余韻を残すテクニックを身につけよう。

▶P96〜

> そしてなんと両方食べた！
> 苦しいが幸せだ。これぞ本望だ

> ビジネス文だけじゃなく、こういうカジュアル文でも役立つよ

PART 2 読ませる文章の"しくみ"を覚える

Point 導入部のテクニック

パターン 1
いちばん面白いところを一文目にもってくる

✏️ 時系列で書かない。まずは核心部分で"魅せる"

　いい書き出しが思い浮かばないとき、つい頼ってしまうのが、5W1H。「いつ」「どこで」「誰が」「何を」「なぜ」「どのように」を時系列でまとめる方法ですが、じつはこれ、書き出しとしては、あまりおすすめできません。

　はぁ？　これまで5W1Hの要素を考えて……と、さんざん語ってきたのに、それを否定するの？　と思ったあなた。半分正解です。もちろん5W1Hは、読み手が必要な情報を端的に知らせることができる、すぐれた枠組みです。けれども、そのまま書き出しとして採用するには、少々地味で平凡。「続きをもっと読みたい！」と思わせるには、面白みに欠けるのです。

　5W1Hをもとに文章のたたき台をつくったら、そのなかで、面白いところや盛り上がるところを抽出し、文章の冒頭に移動させましょう。読み手が受け取るインパクトや印象が大きく変わり、最後まで読みたい文章になりますよ。

先週の日曜、父とそば屋に出かけた。65歳の父は、先月、定年退職したばかり。営業一筋だった父が、家でぽつんと本を読む姿は、どこか寂しげだった。

そこで、ふと、浅草のそば屋に父を誘った。10年前、母が病気で亡くなるまでは、家族でよく出かけた店だ。

「ここは結婚前、母さんとはじめて食事をした店だ」と、懐かしそうな父。そんな話、初耳だ。これからは、ときどき父とこの店を訪れよう。そばをすする父の隣で、そう考えた。

 「ここは結婚前、母さんとはじめて食事をした店だ」。父が思い出を語り始めた。

65歳の父は、先月、定年退職したばかり。営業一筋だった父が、家でぽつんと本を読む姿は、どこか寂しげだった。

そこで、先週の日曜にふと、浅草のそば屋に父を誘った。10年前、母が病気で亡くなるまでは、家族でよく出かけた店だ。

「母さんは、ここの十割そばが大好きで…」と、懐かしそうな父。そんな話、初耳だ。これからは、ときどき父とこの店を訪れよう。そばをすする父の隣で、そう考えた。

同じ話なのに、順番で印象が変わるよね

Point 導入部のテクニック

パターン2
答えが知りたくなる「質問」から入る

📝 読み手に「自分ごと」と思わせる、効果的な質問を

　SNSやブログのフォロワー数がぐんぐん増える、効果的な書き出しを知りたくありませんか？——こんな質問をされたら、「その方法、知りたい」と思いますよね。

　人間は不思議なもので、気になる「問い」や「謎」を前にすると、「自分だったらこう思う」とか「もっと別の答えがあるのかな？」など、あれこれ考えてしまう性質があります。「知らない謎を解き明かしてみたい」という欲求は、誰もがもつ本能。この心理を利用した導入テクニックが、問いから書き始める方法です。「問い」からの気づきを得られると、読み手は「なるほど、そういうことか！」と喜びの感情がわきおこり、自然と前向きな気持ちになります。

　読み手がどんな立場にいて、どんなことに関心があり、どんな悩みをもっているのかなどを考えながら、「自分ごと」と思えるような効果的な質問を投げかけましょう。

> 例 1
>
> 話が上手な人と下手な人の違いを知っていますか？

> 例 2
>
> 野菜が大きらいな子どもが、たった1日で野菜好きになる、魔法のレシピを知りたくありませんか？

> 例 3
>
> NYで大人気のスイーツ店の日本1号店が、なぜ福岡県北九州市にできたのか？
> じつはこんな理由があったのです。

答えが気になるー!!

✏️ 答えをもったいぶると逆効果。結論も早めに！

映画や演劇、テレビドラマなどの多くは、冒頭に「謎」を問いかけるエピソードが必ず入っています。そのため視聴者は主題が明確になり、「続きが気になる」「主人公はこれからどうなる？」と、作品の世界にどんどん没入します。

でも、SNSやブログ、ネット記事などの世界はシビアです。読み手は、忙しい日々のなか、大事な時間を使って読んでいます。「読んで失敗した」「時間をムダにした」と後悔したくない。だからこそ、答えをもったいぶると逆効果。主題につながる結論やヒントは早めに伝え、納得感のある文章をめざしましょう。

Point 導入部のテクニック

パターン **3**

話題のネタ、軽い自虐をフックに使う

✏️ 世の中で話題のモノ、できごとで関心をひく

文章の冒頭に、いま世の中で話題になっているモノやできごとが書かれていると、つい注目してしまいますよね。

大人気スイーツ、時事ニュース、ドラマのタイトルなどをフックにして、本題に進む方法なら、初心者でも読者の関心をひくことができます。

Good

例 1
北海道の文化、締めパフェ。これがいま、わが家のブームだ。

例 2
ドラマ「ライオン桜」に影響され、弟の勉強魂に火がついた。

＊話題のニュースを、ほかの媒体やサイトの一部から引用する場合には、必ず出典や引用記事のURLの明記を。許可のない関連画像の掲載、商業目的や関係者に不利益を与える使いかたは禁止されています。

自虐ユーモアで、親しみと共感を誘う

読み手が「この人の記事、なんか好きだな」と感じる文章には、共通点があります。それは、血の通った人間性を感じる文章だ、ということ。自分のダメな部分やマイナスな感情をライトに語れる、自虐ユーモアのある文章です。

書き出しに、軽い自虐を導入すると、書き手のキャラクターに親しみと共感を覚え、読み手は、あなたの文章のファンになってしまいます。

ただし、「今月はヴィ○ンのバッグをふたつ買ったから、金欠中です」「黙っていれば美人だね、と言われます」のように、「自虐風じまん」になると、逆効果になるので要注意。

Good

例 1
カップラーメンとレトルトカレーしかつくれない私が、昨日、料理指導者養成講座に飛び入り参加した。

例 2
学生時代、数学が大の苦手で、数式を見ると目が泳いだ。そんな私がいま、会社で経理業務を任されている。

さっきの焼肉ネタもこれだよ！戦略的にやりました〜

やるわね ねこ美さん！

Point 導入部のテクニック

パターン4
ふたりの会話でストーリーに引き込む

✏️ いきいきとした状況が伝わり、ドラマチックな書き出しに！

「ちょっとー、私の大切なプリン、まさかアンタが食べちゃったの？」。冷蔵庫の前から、姉の叫び声が聞こえた。

この例文のように、会話文から始まる文章は、人の感情や、その場のようすを、いきいきと読み手に伝えることができます。「今朝、姉のプリンをこっそり食べたことがばれてしまった」と事実だけを書くより、はるかに緊迫感が伝わり、インパクトのある書き出しになりますね。

会話ひとつで始まる文章もおすすめですが、今回、覚えてほしいのは、ふたりの会話から始まる、魅力的な書き出しテクニックです。その文章内に出てくる登場人物なら、誰を選んでもOK。書き手と誰かの会話でもいいし、書き手以外のふたりを描写しても面白いもの。

ふたりの会話を並べるだけで、各々のキャラクターや現場の状況がくっきり目に浮かび、ドラマチックな書き出しになります。

Good

PART 2 読ませる文章の"しくみ"を覚える

例 1

「優勝は……エントリーナンバー28、亀井亀太さん！」
「えっ、ぼくが？　本当に？」
信じられない。大食い選手権で優勝したのだ。

例 2

「すみません、この席、あいていますか？」
「あ、どうぞ、あいていますよ」
5年前の喫茶店。ぐうぜん向かい側に座った黒縁メガネの彼が、現在の夫である。

例 3

「いまが人生でいちばん若い。やりたいことをやれ」
「思い立ったときに、遅すぎることなんてないの」
夢をあきらめそうになったとき、両親がかけてくれた言葉。いまも大事にしています。

家族とのちょっとしたやりとりも、書き出しになるね

そうそう、何気ない日常会話って、人から見ると面白いんだよ！

081

Point 導入部のテクニック

パターン 5
「私は」でなく、第三者目線で始める

✏️ 小説の冒頭のような書き出しに、思わず引き込まれる

あなたが文章を書くとき、「私は〜」「ぼくは〜」と、自分を主語にしていると思います。自分の文章だから、自分を主語にするのはあたりまえですよね。けれども、ちょっと意識を変えて、冒頭を第三者の目線で描写してみましょう。小説のようなニュアンスが生まれ、読み手の心を一気にストーリーに引き込みます。

第三者とは、その事柄に直接関係のない人。つまり、当事者である「私」や「あなた」以外の人をさします。「私は近所のラーメン屋で、もやしたっぷりのラーメンを食べた」という、「私」が主語の文章を、第三者の「ラーメン屋の大将」を主語にすると、こんなふうに。

頭に白いタオルを巻いた40代半ばくらいの大将が、「へい、おまち」と、もやしたっぷりのラーメンを私の前に置いた。

このあと続く文章ではじめて、「私は、さっそく箸を手にとった」というように、自分の目線を入れていくと効果的です。

> 例 1

「その腕時計、かっこいいですね」。
行きつけのコンビニで、大学生くらいのアルバイトの男の子が声をかけてきた。

> 例 2

昨日、70代くらいのお客様が、お帰りの際に「きみのおかげで、いい休日が過ごせた。ありがとう」と声をかけてくださいました。ホテルの仕事を選んでよかった、と実感した瞬間でした。

街でいろんな人を見て、気になった場面を書くのもいいね！

> 例 3

澄んだ空が美しい、初冬の昼下がり。港町のカフェに、ベージュのコートをまとった女性が現れた。テーブル席でカフェラテを注文し、後方のドアを何度も振り返る。誰かを待っているのだろう。

Point 導入部のテクニック

パターン6
否定文で始め、続きの文を引き立てる

✏️ 短くハッキリした否定文ほど、効果的

スーパーマーケットの店頭に「ただいま、夏の特別セールを開催中です」と書かれたポスターを目にしても、あなたはそれほど驚かないでしょう。

けれども、「当店は、今後いっさい、セールを開催しません」と書かれていたら、「えっ、何があったの？」と気になりませんか。

人は、これまであたりまえと思っていた一般的な常識や、先入観がくつがえると、疑問や興味がわいてくるもの。

では、先ほどの「今後いっさい、セールを開催しません」のあとに、「そのかわり、一年中、セール価格で提供します」と書かれていたらどうでしょう。読み手に強烈な印象を与えますよね。

これは、冒頭に否定文を用いて先入観を打ち破り、読み手のリアクションを引き出すための導入テクニック。ポイントは、ひと目で理解できるよう、短めの否定文にすること。そのあとの根拠や解決法につながる、キレのよい書き出しにしましょう。

例 1

我が社には、人気ナンバー1がありません。

もちろん、ナンバー2もありません。

旭川の工房では、表情や質感、扱いかたの異なる木材が、熟練職人の手によって、機能性と美しさがじまんの家具に生まれ変わります。

使い込むほどに味わいを増す、あなただけの逸品です。

例 2

1日は「24時間」ではない。

ビジネスの世界は、毎日が時間との勝負だ。

いつもタスクに追われ、時間が足りない社員のために、1日が26時間に感じられるタイムマネジメントセミナーを企画した。

キーワードは「時間の見える化」と「業務管理術」。

この機会に、自分の時間を見直してみよう。

正論ってつまらないもの。だから書き出しの否定にひかれるんだよね

R eason & E xample 中盤のテクニック

「なぜなら」「たとえば」「もしも」で、思考を進める

✏️ 中盤では、「そうか！」と思わせる説得力が大事

文章の中盤に必要なのは、冒頭で伝えたテーマを、具体的な言葉で分析すること。つまり、「そうだったのか」「なるほど」と読み手の理解を促す、説得力の高い材料を集めることです。

「材料の集めかたがわからない…」という人も大丈夫。ここで頼りになるのが、文章の道案内である「接続詞」です。

文と文をつなぐ役目をもつ接続詞には、「すると」「しかし」「ところが」「そして」など、さまざまな種類がありますが、論理的な思考を導くカギは、「なぜなら」「たとえば」「もしも」の３つ。

まず「なぜなら〜」と理由や根拠を述べ、次に、「たとえば〜」で具体的な事実を示し、「もしも〜」で仮説を語る。こうして思考を掘り下げると、ロジカルで説得力の高い分析材料が揃います。

考えを深める段階では、頼りになる接続詞ですが、文章全体でみると、ちょっと仰々しい印象に。書き終えたあと、なくても意味が通じる接続詞は、思い切って削りましょう。

理由・根拠

なぜなら、

「読むと温かい気持ちになる」「この人といっしょに仕事がしたい」と感じるメールからは、書き手の心遣いや人間性が伝わってくるから。

具体的な事実

たとえば、

営業担当の鯨谷さんは、毎回、メール文に相手を気遣うひと言を添えることを徹底したため、人柄が信頼され、次々に受注が舞い込んだ。

仮説・条件

もしも、

鯨谷さんが、忙しいからと、用件だけを淡々と並べたメールを送っていたら、相手は「この人から商品を購入したい」と思わなかっただろう。

御社のご利益、だね！

説得力のある理由や根拠は、ビジネスではとくに大事だよね

 R eason & E xample 中盤のテクニック

具体例や数字が「なるほど！」を生む

✎ 数字や科学的根拠を加えると、人は納得するもの

「○○が9割」「10万人が利用」「年間540時間、81万円のコストカット」——こんな文言が目に入ると、思わず引き寄せられ、続きが読みたくなりますね。これが「○○が重要」「たくさんの人が利用」「大幅なコストカット」なら、注目度は低かったはず。

どんなに正しい文章も、具体的に実感できなければ意味がありません。「なるほど」と、読み手が納得する文章には、数字や科学的データによる根拠が提示されています。

当社は昨年、電気料金45万円の削減を達成。
利益率5％とすると、年間約900万円の売り上げ増に値する。
4月には市内5つの小学校で、省エネの出前授業も始めた。

客観性がすべてじゃない。あなたの体験も盛り込んで

　文章に数字や科学的なデータを入れると、読み手が納得できる客観的な根拠を伝えられます。けれども、報道記事や論文のように客観性が求められる分野でなく、SNSやブログなどの場合、客観性だけを重視した文章は、はっきりいってつまらない。ある程度、客観的な根拠を示しつつ、主観的な文章も必要です。

　主観的な文章には、書き手の体験や見聞による、考えかたや生きかたが詰まっているもの。唯一無二の繊細な感性から生まれた言葉が、読み手の心にぐっと響きます。「主観性のある文章」を意識すると、なかなか言葉が出ない人は、「体験をもとにしたエピソード」を入れ込んでいくといいですよ。

Good

　私の趣味は、50歳で始めたバイオリンです。昨日読んだ雑誌の「50代女性に人気の趣味ランキング」でも、1位「ヨガ」、2位「楽器演奏」とあり、思わず納得。月2回のレッスンは、恋人とのデートのようなドキドキの時間。弾ける曲が増えるたび、音楽のある生活の豊かさを実感します。

この水ようかん、向田邦子のお気に入りだったんだって！

わあ！　それだけで惹かれちゃうね

Reason & Example 中盤のテクニック

さて問題です

語彙力を高める3分トレーニングに挑戦！

✏️ 表現の引き出しを豊富にし、ベストな言葉を選ぶ

「明るい人」「家で過ごす」など、何かを表現するとき、「もっと適した言葉はないかな」と考えたことはありますか？

「明るい人」は「にぎやかな人」とか「前向きな人」、「家で過ごす」は「家でくつろぐ」「家で読書をする」のほうが、伝えたいイメージにあっているかもしれません。同じ系統の類語からベストなものを選べるよう、表現の引き出しを豊富にしておきましょう。

> あなたのまわりの「おとなしい人」を思い浮かべてみましょう。
> あなたはその人を、どんな言葉で表現しますか？

おとなしい人

例 物静かな人　寡黙(かもく)な人　物腰のやわらかい人
落ち着いた人　やさしい人
おだやかな人　温厚な人
ソフトな印象の人　マイペースな人　暗い人

以下の文章を、別の表現で言い換えてみよう。

類語トレーニング1

Aさんはいつも元気な人だ。
》

> どんなふうに元気かを、別の表現で！

類語トレーニング2

突然、兄が笑い出した。
》

> 「ニヤリとした」など、より具体的にイメージして表現

類語トレーニング3

今日は、初夏らしいさわやかな陽気。

> 「さわやか」もいろいろ。もっと伝わる表現は？

> いま読んでいる本やネットで目にした一文など、

> いろんな文で試してみよう！

Reason & Example 中盤のテクニック

五感を使って、読み手の心を動かそう

次のふたつの文章を読んでみてください。
あなたは、どちらのハンバーグが食べたいですか？

A

　鉄板に乗せられたハンバーグは、とてもきれいな形で、いい感じに焼けていた。ひと口食べると、これまで食べたことがない味で、感動した。
　こんなに美味しいハンバーグに出合えて幸せだ。

B

　分厚い小判型のハンバーグが、鉄板に乗せられて登場した。
　こんがりとした焼き色に、思わず目を奪われる。アツアツの鉄板からは、ジュージューと肉の焼ける音が聞こえ、デミグラスソースの香りが鼻腔をくすぐる。ひと口噛み締めるとジュワーッと肉汁があふれ出し、まろやかな旨みが口いっぱいに広がる。

五感には「記憶」がある。だから文章も記憶に残る

　五感とは、視覚（目で見る）、聴覚（耳で聴く）、味覚（舌で味わう）、嗅覚（鼻で嗅ぐ）、触覚（皮膚で感じる）の5つの感覚。

　私たちは、これらの感覚を使って、外の世界からたくさんの情報を得ています。つまり、私たちの脳内には、五感を通して蓄積した、膨大な「記憶」が存在するということ。

　たとえば、「みかんの味」と聞けば、瞬時に味覚の記憶がよみがえるし、「炊きたてのごはんの匂い」と聞けば、これまた瞬時に嗅覚の記憶がよみがえりますよね。五感の「記憶」を言葉で刺激し、頭のなかで再現させ、イメージをぐっと広げる。これを意識すると、読み手の心を動かし、記憶に残る文章になります。

感覚に訴えるシズル表現は、キャッチコピーに有効

　「シズル」は、人の五感を刺激して、商品の魅力や購買意欲を喚起するマーケティング用語。もともとは、肉が焼ける「ジュージュー」という音を意味する英語でした。「ぷるぷる」「つるつる」「サラッと」「ツンと」「パチパチ」「ふんわり」など、五感を音で表現したオノマトペ（擬音語）を使うと、読み手に臨場感が伝わります。本文だけでなく、キャッチコピーやタイトル、見出しなど、人の目に留まるところに使うのもおすすめです。

シズル表現の例

めざすのは、
米一粒一粒がたった
パラッパラのチャーハン

脂がのっていて
プリプリ！
寒ブリの季節が
やってきた

化粧水だけで、
もちもちに吸いつく
うるおい素肌に

立ち仕事で
むくんだ脚が、
キュキュッとスッキリ!!

フワッと
肌を包み込む
上質のカシミア

\コロッケは何色？/
五感の表現トレーニング

五感の表現は、トレーニングするほど磨かれるもの。楽しみながら問題に取り組んで。

LESSON 1

コロッケにまつわる五感の記憶をよみがえらせ、空欄に、五感を表現する言葉を入れよう。

私の前に運ばれてきたコロッケは
[　　　　　　　　　　　　]色です。

≫

鼻を近づけると、
[　　　　　　　　　　　]香りがしました。

≫

記憶のなかの最高のコロッケを思い描いて！

箸で割ってみたら、
[　　　　　　　　　　　　　]。

≫

ひと口食べると、
[　　　　　　　　　　]音がして、
[　　　　　　　　　　]味が口中に広がりました。

PART 2 読ませる文章の"しくみ"を覚える

LESSON 2
あなたはケーキ屋さんの店長で、今月からロールケーキの販売を始めることに。シズル表現を使ったキャッチコピーで魅力を伝えよう。

LESSON 3
「忘れられない景色」をテーマに、五感やシズル感を意識した文章を書こう。「少しオーバーかな？」というくらいの表現でOK。

正確な再現じゃなくていいよ！

五感の表現で、読み手の心を動かす文章をめざそう

Point 締めのテクニック

最後は感想でなく、事実で締める

✏️「と思いました」では、読み手に何も残らない

文章の締めかたを大きく分けると、「自分の考えや結論を述べる」「提案や疑問を投げかける」「読後の余韻を残す」の3つがあります。**まずは、自分の考えや結論を述べる、から始めましょう。**

小学生時代の作文や日記では、「とても楽しい遠足でした」「次は、一位になりたいです」のように、自分の気持ちをストレートに表現するのが王道の締めかたでした。これを引きずり、大人になっても「充実した一日でした」「お客様のお役に立てるようがんばります」のように締める人は多いでしょう。

残念ながら、この締めかたは、単なる書き手の「感想」であって、記事から導いた考えや結論ではありません。多くの読み手は、何らかのメリットや情報を得るために、あなたの文章を読もうとします。一個人の日記を読みにきたのではありません。作文のことはきっぱり忘れて、「記事のテーマからどんな答えを出すのか」を念頭に置き、締めの文をつくりましょう。

Bad

海外旅行が大好きで、いろいろな国に出かけています。

昨年、セブ島を訪れて、スキューバダイビングに挑戦しました。ホテルの部屋で、水着やタオルを乾かすときに、日本から持ってきた洗濯ロープと洗濯バサミが役に立ち、持ってきてよかったと思いました。

思い出に残る、とても楽しい旅行になりました。

「で?」って思っちゃうのは、ねこ美が意地悪だから?

ううん、結局何が言いたいのかわからないんだよね

Good

海外旅行に持っていくと便利なもの。

それは、100均で購入した洗濯ロープ。

フックとアジャスターつきを選べば、干したいときにすぐ干せるから、本当に便利! セブ島でスキューバダイビングのあと、水着やタオルを乾かすときにも大活躍でした。

滞在型の旅を楽しみたい人にもおすすめ。大量の着替えを持っていく必要もなく、身軽な旅を楽しめますよ!

Point 締めのテクニック

「いいね！」を
よびおこす、
未来志向の提案を

📝 読み手の目的や問題に沿って、新たなアイディアを提案

　今度は、「提案や疑問を投げかける」締めかたをマスターしましょう。文章の締めに、提案や疑問を投げかけると、読み手は想像力をかきたてられ、あなたの記事を「自分ごと」と捉えます。

　まずは、「読み手の目的や問題に沿った提案」で締めるスタイルから。ターゲットとなる読み手が、いま抱えている課題を理解し、解決のヒントになるような提案をします。読み手の気持ちに寄り添うことがポイントです。

片づけが苦手な人は、一気に片づけようとせず、スモールステップで進めると成功します！
「今日はクローゼットのいちばん上の棚」「明日は2番目」と、空間をこまかく区切り、毎日少しずつ片づけましょう。

読み手の価値観を揺さぶる、問いかけで締めるのもアリ

記事を読んで、自分のなかにこれまでになかった新たな発見や気づきが生まれると、読み手は「いいものを読んだ！」と大きな満足感を得ることができます。そのために有効なのが、「相手の価値観を揺さぶるような問いかけ」で締めるスタイル。

「きっと〜はずだ」「それは〜に違いない」「それこそ〜ではないだろうか」「私たちは〜かもしれない」のように、強めの表現を用いて、記事の核心にズバッと迫る方法です。読み手の心のなかに、一石を投じるような気持ちで書きましょう。

例 1 　Good

　いい子の基準は、大人の言うことを聞く・聞かない、という物差しでは測れない。まずは、子どもが本音を言える親子関係を育むこと。それこそが、自信や自己肯定感を高める第一歩ではないだろうか。

例 2

　ひさしぶりにお会いした彼女は、日本語教師の夢を30年越しに叶え、キラキラと輝いていました。勉強したいと思ったときに、年齢は関係ありません。あなたの行動力と好奇心は、きっと新しいステージへの大きな力になるはずです。

「押しつけがましい」と思わせないためには、

中盤の説得力と、締めの文の言葉選びが大切だよ

Point 締めのテクニック

想像力が
ふくらむような
余韻を残す

✏️ 含みをもたせて締めると、文章に奥行きが生まれる

　小説を読んだあとや映画を観たあとに、物語の続きをあれこれ空想したり、登場人物に感情移入して感極まったり……。

　こんなふうに感情が揺さぶられるのは、私たちが小説や映画の余韻を味わっている証拠。余韻とは、「ものごとが終わったあとも、その印象や感覚が残るようす」を意味します。あなたの記事も「読後の余韻を残す」スタイルで締めれば、読み手は小説を読んだあとのように、余韻を味わうことができます。

　余韻を残す締めかたは、とてもシンプル。記事に書いた事柄について、文章の終わりに「体験やようすをチラリと綴る」だけです。このとき、「楽しい」「嬉しい」「悲しい」などの具体的な感情表現は入れません。「母の姿が見えなくなっても、私はずっと手を振り続けた」「はらはらと舞い落ちる粉雪が、あたり一面を白く染めていた」のように、感情をストレートに書かず、含みをもたせた描写をすることで、奥行きや風情が生まれます。

純喫茶にアナログレコード、銭湯——。いま、Z世代のあいだで「昭和レトロ」がブームだ。

昭和を知らない彼らがなぜ、レトロに夢中なのだろう。そこには、デジタルネイティブとして育ってきた環境に理由がある。

便利さや手軽さがあたりまえの彼らには、「ひと手間かけること」「ちょっと面倒なこと」が、魅力的に映るという。

今度はどんなブームが訪れるのか、とても楽しみだ。

最後の一文を変更！

例1 自分の体験を描写

ブームに乗じて、昭和世代ど真ん中のぼくも、さっそく銭湯へ。風呂上がりにコーヒー牛乳を飲みながら、亡くなった父が、腰に手をあてて一気飲みしていた姿を思い出した。

例2 まわりのようすを描写

純喫茶を訪れると、隣のテーブルで、「かわいい～」と言いながら、クリームソーダの写真をSNSに投稿している、女子高生たちがいた。

PART 2 読ませる"しくみ"の基本 Summary

基本構成 「PREP」法をマスターしよう

- **Point** 導入は、結論や面白ポイントから始める
- **Reason&Example** 中盤には、具体的なエピソードや事実を入れる
- **Point** ラストは結論で締める。余韻を残すテクニックも有効

I **Point** 導入部のテクニック

- パターン1 いちばん面白い部分を一文目に入れ、読者を引き込む
- パターン2 読者に「自分ごと」と思わせる、質問で始める
- パターン3 話題のネタや、自虐ユーモアをフックに使う
- パターン4 会話文で始める。ふたりの会話なら、よりドラマチック
- パターン5 第三者目線で情景を描写し、ストーリー性をアップ！
- パターン6 常識とは真逆の「否定文」から始める

II **Reason&Example** 中盤のテクニック

- 「なぜなら」「たとえば」「もしも」で、理由、事実、仮説を書き進める
- 数字や科学的根拠を盛り込み、納得感を高める
- 語彙力を高めて、もっと伝わる表現をめざす
- 五感を刺激する文章で、心を動かす。シズル表現も効果的

III **Point** 締めのテクニック

- 最後は事実で締めると、作文っぽくならない
- 読み手の課題を解決する、未来志向の提案で締める
- 体験や情景をラストにさらりと。余韻が残る文章も素敵

5つのルールと流れをモノにする！

原稿用紙1枚分を書いてみよう

Part1、2で覚えた、基本テクニックと文章構成。
これをさっそくいかして、
あなたの視点で文章を綴ってみましょう。
原稿用紙1枚分、400字で始めると、
無理なく書けます。

PART
3

長文も短文もハードル高め。
最初は400字でOK

🖉 初心者には、400字くらいがちょうどいい

「長文を書こうとすると3日はかかる」こんな悩みをよく聞きます。たしかに長文を"スイスイ読ませる"には、技術が必要。いきなり長文にトライすると、書くことがゆううつになりがちです。

一方の短文も、じつはハードルが高め。たとえばTwitterでは、140字以内で情報を伝えます。でも、説明を盛り込みすぎたり、しゃれた表現を使ったりすると、あっという間に文字数オーバー。情報を取捨選択し、的確に表現する技術が求められます。

そこで初心者におすすめなのが、400字からの練習です。

🖉 原稿用紙1枚あれば、伝えたいことは必ず伝わる

400字、と聞けば、「原稿用紙1枚分だ」と、大まかな文字量が浮かびますね。小学生のころから作文用紙に親しんだ経験は、私たちのなかにしっかりインプットされています。じつは、この400字、理にかなった文字数なのです。

ブログ記事を想定すると、一段落（ブロック）は、おおむね200文字。原稿用紙の半分ですね。Wordで1行40字のレイアウトなら、たったの5行です。日本人が1分で読める文字数は400～600字といわれているので、一段落分の情報だと、やや物足りない。そこで、まずは2段落分、400字を基準に、書く力を磨いていきましょう。

３ステップで、「書く力」を着実につけていこう

ついに実践ワーク！　自分との対話を大事にしながら書いてみよう。

Lesson 1
決められたテーマで練習

テーマを考える段階で挫折してしまうことも。まずはお題に沿って、自分の考えや気持ちを言葉にしよう。

「何書けばいいの？」の心配もいらないね

▶P106〜

Lesson 2
好きなテーマで練習

7つのテーマから書きたいものを選び、自分の気持ちや視点を表現してみよう。

自分らしさがより出せそう！

▶P116〜

Lesson 3
最近のできごとを練習

あなたの日常には、じつはネタがいっぱい！　豊かな心理描写で、気持ちが動いたできごとなどを伝えよう。

ブログとかの練習にもなるね！

▶P130〜

いよいよ実践！
楽しんで書いていこう

＼ 用意するもの ／

原稿用紙と鉛筆、消しゴム

or

パソコン
（Word 1枚を400字前後に設定）

PART 3　原稿用紙1枚分を書いてみよう

Lesson 1   決められたテーマで練習

お小遣いアップの依頼文を、４００字で書く

✏ 小学5年生になって、面白く気楽に書いてみよう

「なりきり作文」を知っていますか？　何かの人物や動物、植物、モノなどになったつもりで、作文を書く方法です。メリットは、自分じゃない何かになりきることで、気持ちがラクになり、楽しみながら書けること。

　今回は、小学5年生になったつもりで、親に「お小遣いを増やしてほしい」とお願いする、400字の依頼文を書きましょう。

　まずは、文章を構成する材料集めから。小5のあなたの状況を想像してみましょう。現在のお小遣いの金額は？　どのくらいのアップを求めている？　増えた分は何に使う？　いまのお小遣いだと、大好きなマンガが買えないとか、毎月500円のお小遣いを1000円にしてほしいとか、月払いでなく年俸制を望んでいるとか、いろいろなパターンが思い浮かびますね。自分が5年生だったころの実話をベースにしてもいいし、イマドキの小学生になりきって考えてみるのも面白い。思考をいろいろ巡らせましょう。

106

親の心を動かす文章は、クライアントの心も動かす！

どんな文章を書けば、小5であるあなたの親は「今月からお小遣いをアップしよう」と快諾してくれるのでしょう？

コツは、「読み手を本気にさせ、自分ごとにする文章」。つまり、ターゲットとなる読み手がどんな価値観をもつ人なのか、どんな悩みや課題をもっているのかを把握し、その人にメッセージを送るような気持ちで書く。そうやって書いた文章は、必ずその人に刺さります。

今回の依頼文のターゲットは親ですが、仕事でクライアント向けに書く文章も、考えかたは同じ。不特定多数の人に向けた「一対多」の文章でなく「一対一」を意識することが大切です。

読み手の心を想像し、ニーズやメリットを考える

心を動かされる言葉は人それぞれ。相手の視点に立って考えよう。

親の関心事は？
わが子に何を望んでいるか、学校生活に心配事はあるのか、などが決め手になるかも。

親の判断基準は？
「お小遣いの全国平均」のような社会性を気にするタイプか、それともテストの点数で金額が上下するとか。

親にとってのメリットは？
洗濯や掃除を手伝うと喜ばれそう。毎朝、自分でちゃんと起きます、と宣言するのもいいかもしれない。

Lesson 1 決められたテーマで練習

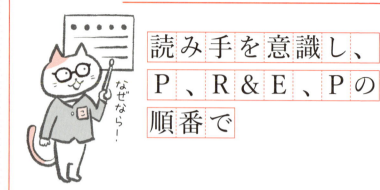

読み手を意識し、P、R&E、Pの順番で

🖉 結論は明確。知恵を絞るべきは「説得力」

　さあ、書くべき材料が集まってきましたね。ここで整理しましょう。今回の依頼文で、あなたの主張（結論）は「お小遣いを増やしてほしい」。ターゲットとなる読み手は、親。それから、お小遣いを増やしたい理由、アップしてほしい金額、お金の使い道、親のニーズやメリットなども浮かび上がってきました。

　文章を書く順は、「①Point：伝えたいこと（主張・結論）」「②Reason＆Example：なぜなら、たとえば、もしも」（理由／具体的な事実／仮説）→「③Point：だから～」（主張・結論）。これを踏まえ、もう少し知恵を絞って揃えたいのが、客観的な根拠です。

　主張が受け入れられるか否か、カギとなるのは説得力。根拠が弱ければ説得力も弱く、根拠が強ければ説得力も強まります。専門家のお墨つきや文献の引用、統計データなどは強めの根拠。一般人の見解や筆者の体験などは弱めの根拠です。弱めの根拠しかない場合、いくつか組み合わせることで、強い根拠になりますよ。

> 根拠を多く挙げ、もっとも説得力が高いものを採用

あなたの主張が通るかどうかは、客観的な根拠で決まる。

例

- とにかく足りない。もっとほしい！
- 買いたいものがある
- 交友関係、行動範囲が広がり、お小遣いが足りなくなった
- この2年間、お小遣いを増やしてもらっていない
- 調べたら、クラスでいちばんお小遣いが少なかった
- ここ1年で、物価が2％上がった

説得力アップの Point

- 個人的なものより、社会的なもののほうが強い
- 数字や科学的データを挙げると、納得させやすい
- 伝聞やうわさよりも、決定的な事実を示すほうが強い
- 公的権威や専門家のお墨つきを得るのも有効

PART 3　原稿用紙1枚分を書いてみよう

いくつもの根拠を挙げる「あわせ技」も有効だよ

ウソはダメー

物価50％上がった！尾木ママも言ってた!!

Lesson 1 決められたテーマで練習

書いたら推敲。
構成のズレや
ムダを見直す

「一文を短く」など、基本テクニックを使えたかチェック

Part1（P16〜）で学んだ5つの基本テクニック。上手く使えたか見直そう。

- Rule1 ☑ 一文を短くし、文章にリズムをつける
- Rule2 ☑ 意図的な余白で、読ませるデザインに
- Rule3 ☑ 読む気にさせる"見出し"をたてる
- Rule4 ☑ 小6でもわかる"やさしさ"を重視
- Rule5 ☑ "Why（なぜ）？"を意識して書く

📝 文章テクニックを使えたか、誤字、脱字がないかも確認を

　根拠を揃えたら、いよいよ実践。原稿用紙かパソコンを用意し、これまで学んだテクニックを使い、400字で書いてみましょう。

　文章を書き上げたら、忘れてはならないのが「推敲(すいこう)」の作業。「推敲」とは、自分の書いた文章を見直し、自ら修正をおこなうこと。他人が書いた文章に手を加える作業は「添削」といいます。

　推敲の要点はふたつ。ひとつめは、文章の書きかたのチェック。5つの基本テクニックをもとに、一文が長すぎないかなどを見直します。PREP法に沿った、説得力の高い構成かも確認しましょう。ふたつめは、誤字脱字や文法的な間違いのチェック。最後に全体を読み返し、なくても意味がわかる接続詞は削除しましょう。

「PREP」の順で、最初に結論を書けている？

Part2（P72～）で学んだ構成。企画書など、ビジネスにも役立つ。

Point 主張・結論

いちばん伝えたい要点を最初に。読み手を惹きつける気持ちで書こう。

お小遣いを上げてほしい！

⬇

Reason & **E**xample 理由／具体的な事実／仮説

主張・結論に至った理由や、説得力をもたせる事例、根拠、仮説を示す。

なぜなら
たとえば

⬇

Point 再び、結論

冒頭で述べた主張を、最終的な結論として、もう一度伝えて締める。

だからお小遣いが必要なのです！

こころ先生が 朱 入 れ ！

自分中心のBeforeから、親の心を動かすAfterへ

ライティング初心者の犬山犬絵さん（仮名・30代）が「お小遣いアップの依頼文」に挑戦しました。

Before

　　　　　　　毎月のお小遣いについて

　毎月500円のお小遣いを増やしてほしいというお願いです。
　なぜなら、いまのままでは、塾の帰りにジュースを買ったり、休みの日にお菓子を買ったりすると、何も残らなくて、貯金ができないと思っているからです。

　たとえば、友だちの馬場君は、お小遣いが3年のころから毎月1000円もらっていて、月に100円貯金をしています。先月、貯金が1500円になったので、そのお金で母の日にお花をプレゼントしたと言っていました。クラス担任の山羊坂先生は、お小遣い帳のつけかたを教えてくれました。
　もし貯金ができたら、ちょっと大人になったような気持ちになって、やる気もわきます。
　だから、もう少しだけ増やしてください。お願いします。

Check!

毎月のお小遣いについて

> 何を依頼する文章か、ひと目でわかる見出しにしましょう

毎月500円のお小遣い を増やしてほしいというお願いです。

> 「○○円に」と数字を具体的に書いて訴求力アップ　（1000円に）

なぜなら、いまのままでは、塾の帰りにジュースを買ったり、休みの日にお菓子を買ったりすると、何も残らなくて、貯金ができないと思っているからです。

> なくてもよい「〜と思う」「〜と思った」はトルに　（トル）

たとえば、友だちの馬場君は、お小遣いが3年のころから毎月1000円もらっていて、月に100円貯金をしています。先月、貯金が1500円になったので、そのお金で母の日にお花をプレゼントしたと言っていました。クラス担任の山羊坂先生は、お小遣い帳のつけかたを教えてくれました。

> なくてもよい接続詞も、削除　（トル）
> 主語と述語がねじれているので、「お小遣いを」に。順番も替える　（を）
> 根拠になりそうだけど、このままでは物足りない。先生の意図、筆者の考えの変化など具体的に！

もし貯金ができたら、ちょっと大人になったような気持ちになって、やる気もわきます。

> 「なった」「なって」の重複をなくし、スッキリと　（で）
> 筆者にどんなやる気がわくと、親はメリットと感じるか。また、貯金を何に使いたいかを具体的に書き、読み手のイメージを明確に

だから、もう少しだけ増やしてください。お願いします。

> 冒頭の文章と別の表現で、インパクトを高めましょう

PART 3　原稿用紙1枚分を書いてみよう

After

お小遣い500円アップのお願い

　毎月500円のお小遣いを、1000円にしてほしいというお願いです。いまのままでは、塾の帰りのジュースや、休日のお菓子を買うだけで何も残らず、貯金ができないからです。

　友だちの馬場君は、3年のころからお小遣いを毎月1000円もらっていて、月に100円貯金しています。先月は、貯金が1500円になり、母の日にお花を贈ったと言っていました。
　クラス担任の山羊坂先生は、お小遣い帳のつけかたを教えてくれました。自分でお金をやりくりする体験を通じて、お金の使いかたを考える授業です。ぼくもお小遣い帳で、自分のお金を管理できるようになりたいと思いました。

　もしも貯金ができたら、パパやママに何かプレゼントをしてみたい。ちょっと大人になったような気持ちで、勉強や家の手伝いをするときも、やる気がわいてくるはずです。

　将来、お金で苦労しない、りっぱな大人になるために、お小遣いを毎月1000円にしてください。お願いします。

講評

子どもらしい楽しい文章だったね！
「お小遣い上げてー！」っていう
気持ちも、すごく伝わって。
……ねこ美さんはどう思った？

うんうん、書く楽しさも伝わった！
でも、Before の文章には、
親から見た「Why ？」が
少し欠けていたかも

いい指摘!! 「Why ？」は入っていたけど、
自分目線の「Why ？」だったから、
親から見た説得力が少し足りなかったんだよね

そうそう。After の文章では、
親のメリットにも踏み込んでいて、
これならお小遣い上げても
いいかも、って思えたよ

うん、それを最後の締めの文で、
未来志向の提案として入れてみたの。
提案書とかにも応用できる流れだよ

P ⇒ R & E ⇒ P で書く感じも
だいたいつかめたから、
次のレッスンに進もう！

Lesson 2　好きなテーマで練習

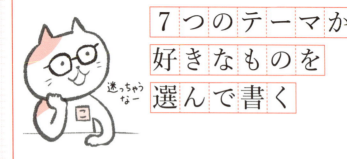

7つのテーマから
好きなものを
選んで書く

✏️ 自分の思いや主張を伝え、心を動かす

　今度は好きなテーマを選び、400字の記事を書く練習です。エッセイ系とコラム系、計7つから選びましょう。「ん？　エッセイとコラムって、どう違うの？」と思ったあなた、いい質問ですね。

　日本の文章用語におけるエッセイとは、「随筆」「随想」ともよばれる、自由な形式で思いを綴る文章のこと。身のまわりで起きたことや感じたこと、体験や見聞を書き記します。読み手は、書き手の心の揺れ動きに身をゆだね、泣いたり笑ったり、共感しながら文章を味わいます。Part1の5つのテクニックを意識し、思いを言葉にしてみましょう。

　一方、コラムは、もともと新聞や雑誌で短い論評を掲載する「縦の欄」を表す言葉でした。これが転じて、記事そのものをコラムとよぶように。テーマはさまざまですが、主張や結論が明確で、根拠や分析が織り込まれている文章をさします。コラムを書くときには、Part2「PREP」の構成がとくに役立ちます。

> エッセイ系、コラム系から、書いてみたいテーマを選ぶ

以下の7つのテーマから、書くテーマをひとつ選んでみよう。

エッセイ系

こっちは気軽に書き始められそう！

「旅」「ペット」
「香り」「朝ごはん」
「20歳の自分に言いたいこと」

主張を論理的に伝えるなら、こっちかな？

コラム系

「紙の本と電子書籍、どっちがいい？」
「お金をかけなくてもできる、
　豊かな週末の過ごしかた」

✏️「書けそう」よりも、「書きたい！」を大切に

いざ書こうと思っても、「うーん、自分に書けることって？」と悩むこと、ありますよね。そんなときに意識したいのが、「鳥の目より虫の目」。視野を広げて全体を俯瞰するのでなく、ものごとの視点を絞り、こまかい部分に着目する考えかたです。

たとえば、「香り」について書く場合、「春になると花や緑の香りが〜」と、大きな観点で捉えず、「昨日、みそ汁の香りに違和感を覚えた」のように、ぐぐっと一部にフォーカスします。

書きたい気持ちが高まったら、さっそく始めましょう！

Lesson 2　好きなテーマで練習

まずはネタ集め。キーワードを10個書き出そう

✏️ 書きながら考えてはダメ。キーワードから組み立てていく

「テーマは決まり！　さっそく書いてみよう」といきたいところですが、いい記事にするには、ネタ集めが肝心。料理の場合も、「ハンバーグ」とメニューだけ決めて、どんな食材があるのかわからないまま、フライパンを火にかける人はいませんよね。

記事テーマが「朝ごはん」の場合、まずは「朝ごはん」から連想される、10個ほどのキーワードを出します。ポイントは、書き手の「心のフィルター」を通したワードを出すこと。人それぞれ性格が異なるように、心のフィルターも人それぞれ。書き出したワードには、人生観や価値観、経験などが如実に現れます。

次に、それぞれのキーワードに紐づく情報やデータをリサーチ。

たとえば「だし巻き卵」の場合、だしの取りかたの地域差や巻きかたのコツ、味つけの黄金比など。ピンとこない情報でも、あとで発想を広げるヒントになる場合があるので、あまり考えすぎずに収集しましょう。

キーワード集めの例 1　「朝ごはん」の場合

- お米派
- みそ汁
- 実家
- ホテル・旅館の朝ごはん
- 海苔
- だし巻き卵
- 祖母
- 寝坊
- 栄養
- 出勤

朝ごはんのこだわりや思い出などで、"書き手の顔"が見えてくる。

キーワード集めの例 2　「週末の過ごしかた」の場合

- 本
- 映画
- 豊かさとは
- 仕事のストレス
- 友人
- 家族
- リラクゼーション
- 地域格差
- お酒
- コスパ

キーワード出しによって、週末のバリエーションがあきらかに！

- コラムの場合は新聞や雑誌を見て
- キーワードを集めてもいいね
- まとまりがなくてもいいから、
- 幅広く拾っていこう！

PART 3　原稿用紙1枚分を書いてみよう

Lesson 2　好きなテーマで練習

誰に何を伝えるか、情報を絞り込む

読み手の属性やニーズを考えて、キーワードを厳選

　記事のテーマから連想するキーワードを10個ほど出し、それぞれに紐づく情報をリサーチする。ここまでくると、さっそく書き始めたくなりますが、その前にもうひとつ。たくさん集まったネタから「情報の絞り込み」をします。

　絞り込みのポイントは、"誰に、何を伝えるか"。たとえば、「週末の過ごしかた」がテーマで、出てきたキーワードが「本」「友人」「映画」「お酒」「家族」「豊かさとは」「リラクゼーション」「コスパ」「仕事のストレス」「地域格差」の10個だったとします。

　どのキーワードも面白い記事になりそうですが、10代の学生向けの記事と70代のシニア向けの記事では、求められるものが違うはず。10代なら、「友人」や「映画」、「コスパ」などに関心がありそうだし、70代なら、「豊かさとは」「リラクゼーション」「地域格差」などがよさそうです。読み手の知的好奇心をくすぐるものを選び、満足度の高い記事をめざしましょう。

> 読み手の顔を思い浮かべて、何を伝えるか考える

年齢や属性をさらに掘り下げ、読み手の悩みや生活環境にも着目して、ワードを絞り込む。

✏️ 不特定多数が相手でも、「一対一」のつもりで

　記事を書く前に、届ける相手を絞り込むのは、「これは、あなたへのメッセージですよ」と、気づいてもらうため。書き手にとっては、複数の人に送るメッセージでも、読み手は、記事に書かれた内容を、一対一のメッセージとして受け止めます。

　読み手を考えるとき、年齢や性別、職業といった属性だけでなく、悩みや課題、ライフスタイルなど、内面や生活にも着目しましょう。「運動不足に悩む、ひとり暮らしの50代男性」「転職活動中で、ライター志望のアラサー女性」のように、具体的な読み手を想定すると、伝えるべき内容がくっきり浮かび上がります。

Lesson 2 好きなテーマで練習

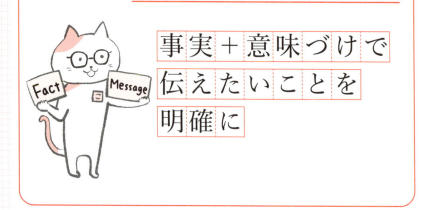

事実＋意味づけで伝えたいことを明確に

📝 事実だけでは「だから何？」と思われてしまう

次の文章を読んで、どう思いますか？

ホームから改札への階段の途中で、高齢の女性が大きな荷物を抱え、しゃがみこんでいた。パリッとしたスーツ姿の大人たちが目をそらす一方、金髪の若い男性がすばやく女性に駆け寄った。

書き手が駅でぐうぜん見かけた事実を列挙した文章です。読み手はこれを読んで、「なるほど、事情はわかった。それで、書き手は何を伝えたいの？」と考えます。書き手が、読み手をどんな方向に導くか。それは、事実への「意味づけ」で決まります。

たとえば、「自分がこの場にいたら、きっと〜したに違いない」とか、「若い人のマナーが非難されるが、いざというときに行動力があるのは若い人かもしれない」など、書き手によって、意味づけは異なります。

テーマにまつわる事実を列挙し、どう意味づけするのか。それが書き手の内面から生まれた言葉となって、読み手に届きます。

エッセイの場合

事実のみ

若い女性美容師に、肩まで伸びた髪を揃える程度でカットを依頼。しかし想像以上に切られてしまった。

⋁⋁

事実 + 意味づけ

若い女性美容師に、肩まで伸びた髪を揃える程度でカットを依頼。しかし、想像以上に切られてしまった。

格安サロンを選んだ自分が悪いのか。若い美容師のセンスの問題か。美容師ジプシーの旅は当分続きそうである。

コラムの場合

事実のみ

何百冊も持ち歩ける電子書籍に比べ、紙の本はかさばるし、重い。本棚には1ミリの余白もなく、住処のない本たちは床の上に置かれたままだ。

事実 + 意味づけ

何百冊も持ち歩ける電子書籍に比べ、紙の本はかさばるし、重い。本棚には1ミリの余白もなく、住処のない本たちは床の上に置かれたままだ。

それでも、処分する気はさらさらない。美しい装丁やページをめくるときの手触りなど、紙の本の魅力は電子書籍には再現できない。

> メッセージがぐっと明確になったね！

Lesson 2　好きなテーマで練習

書いたら推敲。
スッキリと
読みやすく！

🖋 思いのこもった文章ほど、重複が増えるもの

いよいよ、好きなテーマで400字の記事を書く段です。

できあがると嬉しくて、早く読者に披露したい気持ちになりますが、ここは少し冷静に。世の中に送り出す前に、「推敲（すいこう）」という大事な作業があります。

P111で紹介した誤字脱字、不要な接続詞などに加え、自分では気づきにくいミスが「重複表現」です。重複表現とは、同じ意味をもつ言葉を繰り返すこと。熱のこもった文章ほど、つい強調したい気持ちになり、重複表現が現れがちです。わかりやすいものだと、「頭痛が痛い」「馬から落馬」「挙式を挙げる」など。気づきにくいものとしては、「ラストの結末」→「結末」、「いっしょに協力」→「協力」などがあります。

重複表現ではないものの、同じような話を複数の文で繰り返すのも、文章がしつこく、まどろっこしくなる原因に。削って一文にまとめ、スッキリ読みやすくしましょう。

福岡から東京に上京して、まず、はじめに違和感を感じたのは、昼食で食べたうどんのつゆの濃さだった。色が変色しているのかと慎重に熟慮したが、間違いではなかった。

あれから1年が過ぎ、いま現在、私の好きな麺類のダントツの一位は、東京のうどんである。いや、はっきり明言しよう。「東京のうどんが大好きだ！」。まだ未経験の人は、あとで後悔しないよう、一度食べてみてほしい。あらかじめ予告しておくが、きっとあなたもファンになるはずだ。

> 言われてみると、たしかに変……？

> 思いの強さは伝わるけど表現としてはおかしいね

福岡から上京して、まず違和感をおぼえたのは、昼に食べたうどんのつゆの濃さだった。変色しているのかと熟慮したが、間違いではなかった。

あれから1年が過ぎ、現在、私の好きな麺類の一位は東京のうどんである。いや、明言しよう。「東京のうどんが大好きだ！」。未経験の人は、後悔しないよう、一度食べてみてほしい。予告しておくが、きっとあなたもファンになるはずだ。

> こころ先生が 朱 入 れ ！

エッセイ：「朝ごはん」編

五感の表現を引き立て、朝食の情景が浮かぶ文章に

朝ごはんにまつわるエッセイに少し手を加えたら、
書き手の思いと情景が、深く伝わる文章に！

Before

　小学4年の夏、私の母が甲状腺を患って、病気になった。2か月の入院になると教えてくれた。私も弟も父も掃除や洗濯が苦手だし、料理はしたことがなかった。母が入院してしまい、わが家はその日からコンビニ弁当の食事になった。

　父はこれではいけないと思ったのか、祖母に電話をかけて、私と弟は夏休みのあいだ、祖母の家で暮らすことになった。

　祖母のつくる朝ごはんは、いつも和食で、ごはんはおひつに入っていた。でも、私はそのころ洋食が好きで、和食は苦手。オムレツやトーストが食べたいと思っていたのを覚えている。それで、祖母の朝ごはんを食べ残していた。2か月後、母が退院したということで、私と弟も家に帰った。

　今年の春、祖母は体調を崩して、現在は入院している。

　それを電話で知らせてくれた弟から、15年前の夏休み、祖母はコンソメやチーズを使って、私のために洋風のだし巻き卵をつくってくれていたと聞いて、とても驚いた。

　今度病院を訪ねて、つくりかたを聞いてみたいと思う。

おばあちゃんの背中まで、目に浮かぶね

洋風だし巻き卵の香り、ジューッという音……！

よぶんな説明を削ったぶん、五感の表現も引き立ったよね

After

　小学4年の夏、母が甲状腺を患い、2か月入院することになった。私も弟も父も、掃除や洗濯はもとより料理の経験もない。夏休み中、私と弟は祖母の家で暮らすことになった。

　祖母の朝食は、ごはん、みそ汁、だし巻き卵、海苔。最初の数日こそ、おひつの珍しさやパリッとした海苔に感動したが、やがて手をつけなくなった。「こんなのじゃなくてオムレツが食べたい」と、母がいない苛立ちをぶつけていたのだ。

　15年が過ぎ、元気だった祖母は入院中だ。それを知らせてくれた弟がふと言った。「おばあちゃん、姉ちゃんにオムレツを食べさせたくて、洋風のだし巻き卵をつくってたよね」。

　瞬時に記憶がよみがえる。ひと口も食べない私のそばで、おばあちゃんが料理をしている。ふわっと鼻をくすぐるコンソメの香り、こんがり香ばしいチーズのにおい、ジューッと弾けるフライパンの音。いったいどんな味だったのだろう。

　近いうちにお見舞いに行き、つくりかたを聞こうと決めた。

こころ先生が 朱入れ！

コラム：「お金をかけずにできる豊かな週末の過ごしかた」

「私の視点」を軸にしつつ、読み手に役立つ提案を

社内報のコラム。朱入れ後のAfterでは、書き手の視点、週末の小旅行の魅力が伝わる文章に。

Before

　乗り物好きな子どもがいる場合、1日フリー乗車券を使うのがおすすめです。

　なぜなら、通常の乗車賃に比べると、かなりお得で便利に、乗り物を楽しむ旅ができてしまうからです。

　たとえば、東京都の場合なら、都営地下鉄・都バス・都電に1日乗り放題で、大人700円、子ども350円。JR＋都営＋東京メトロでは1日乗り放題を使って、大人1600円、子ども800円など、いろいろな組み合わせパターンで乗車券が発売されているのです。もっと安く済ませたいときは、都バス一日乗車券だと、大人500円、子ども250円になります。

　もしも時間に余裕があれば、出かける前に、あらかじめおにぎりやサンドイッチなどの簡単なお弁当をつくっていくといいですよ。

　どこかで途中下車して、広場のある公園で食べると、お金もかからないし、自然も楽しむことができるので、レジャー感も満喫できると思います。

　1日乗車券があれば、家族みんなが満足できる休日になると思います。ぜひ、試してくださいね。

> 楽しげな子どもたちが目に浮かぶね!

> 情報を伝えて「おすすめ」とするより、ずっと行ってみたくなるでしょ?

> ラストの、親目線での魅力も効果的だね

PART 3 原稿用紙1枚分を書いてみよう

After

　乗り物好きファミリーのみなさん、1日乗車券で「途中下車の旅」をしてみませんか。通常の乗車賃に比べると激安すぎる価格で、冒険たっぷりの日帰り旅が楽しめる方法です。

　わが家は小3と小1の男子の子育て中。ふたりがいま、いちばん好きな週末の過ごしかたが、途中下車の旅ごっこです。

　東京都の場合、都営地下鉄・都バス・都電に1日乗り放題で、大人700円子ども350円。JR+都営+東京メトロは大人1600円子ども800円など、いろんな組み合わせで購入できます。

　気になる場所でふらっと下車する「ぶらり旅」に、子どもたちもワクワク。おにぎりやサンドイッチなどを持参すれば、公園のある街で下車して、自然のなかでゆったりランチも。お金をかけずにアウトドア気分を満喫できます。

　旅気分を味わえるだけでなく、バスの運転手さんに感謝を伝えたり、お年寄りにさっと席を譲ったり、ちょっぴり成長した子どもたちの姿が見られるのも、大きな魅力です。

Lesson 3　最近のできごとで練習

「私ってどんな人？」チェックで、持ち味に気づく

✏️ 書き手としての自分のキャラ、立ち位置を明確に

あなたは何者ですか？　——多くの人は、名前や所属、肩書き、学歴、居住地などの社会的なラベリングで、自分を語ろうとするでしょう。では、ラベリング抜きで自分を語ることができますか？ここで語れることが、あなたの価値や強み（＝自分らしさ）であり、書き手がファンを獲得するために重要な「セルフブランディング」につながります。

「セルフブランディング」とは、自分らしさに共感してくれる人を増やし、信頼を高めていくこと。書き手として大切なのは、まず自分らしさを知ること。そして、自分らしさが、世の中の誰の役に立つのかを理解することです。

「自分らしさなんてわからない」というあなたのために、３つの質問を用意しました。それぞれの答えに一見関連がなさそうでも、じっくり振り返ることで、共通項としてのあなたの持ち味が浮かび上がってきます。

3つの質問で、自分らしさがすぐわかる！

内面と向き合い、あなた自身の持ち味、強みを見つけよう。

☑ **いちばん楽しいこと、好きなことは？**

それをしているときにいちばんワクワクすること、心の底から「好き」といえるものは、あなたの強み。

☑ **人生で、いちばんお金をつぎこんだことは？**

けっこうな大金を払ったり、貴重な時間を使ったりして、本気で取り組んだことも、あなたの得意なテーマ。

☑ **お酒なし＆初対面でも3時間語れることは？**

どんなマニアックな話題でもOK。誰かに教えたい、伝えたいという強い思いと知識があれば、いい文章に。

ここに書き込んでね

私の持ち味＆得意なテーマ

PART 3　原稿用紙1枚分を書いてみよう

Lesson 3　最近のできごとで練習

この1週間のできごとから、ネタを見つける

🖊 特別なエピソードより、あなたの日常が面白い

　ブログやSNSを始めようとして、最初の一歩が踏み出せない場合、よく耳にするのが、「特別なエピソードやネタがない」「私の日常なんて、誰も興味ない」という勘違いです。

　声を大にして言いますが、文章のネタは、あなたの日常にあふれています。 ただ気づいていないだけ。ブログやnoteで記事を書く人が、一般の人とは違う素敵な日常を送っているかといえば、答えはNoです。あなたのような視点をもっているのも、世界であなたひとりだけ。その視点で何かを伝えることが誰かの役に立ったり、気づきやワクワク感につながるのです。

「専門家じゃないと書けない」という思い込みも捨てましょう。

　どんな分野でも、入門、初級、中級など、いろいろな段階の人がいます。あなたがある分野で中級レベルなら、初級や入門の人に情報を伝えてあげればいいし、初級レベルなら、入門者に伝える気持ちで書けば、価値ある文章になります。

> 些細なことでもいい。心が動いた瞬間は？

心が動いた瞬間には、
伝える価値のある思い
や、意味がある。

大好きな叔父の
定年退職の
知らせを聞いた

こころ先生に、
「その表現、素敵ね！」
って言われた

好きな写真家の
エッセイ集を読んだ

ねこセンパイとケンカした
（自分の伝達ミスを、まるで
ねこ美のせいみたいに……！）

✏️ 失敗や苦い思いも、共感されるエピソードになる

　ブログやnoteのネタに困ったら、こんな観点で考えましょう。
１．日常で「心が動いた瞬間」を捉える。１日で何度もあれば、いちばん動いた瞬間に。これが、記事のメッセージや結論になる。
２．ちょっとした失敗や苦い思い出などのネガティブ体験は、読み手に共感と発見をもたらす、興味深い内容になる。
３．自分の好きなものについて、その理由を熱量たっぷりに書く。書き手のこだわりや人間性が見えて、面白い。
４．自分の出身地や育ってきた環境も、読み手にとっては知らないことばかり。

Lesson 3　最近のできごとで練習

正論は抜き！「ずらし」テクで魅力的な文章に

✏ 真面目な人、優秀な人の文章は、なぜつまらない？

　私の文章教室の生徒である狐森さん（男性・会社員）が書いたエッセイは、文句のつけようがない、整ったものでした。この「文句のつけようがない」というのが、エッセイを書くうえで、じつにやっかいなのです。品よく無難にまとまっているけれど、遊び心や奥行きがなく、読んでも印象に残りません。

　しかし、何度か講座に参加するうち、ある変化が。彼の文章が、血の通った人間性を感じるものになったのです。理由を本人に伺うと、「先生のあの言葉で、文章への意識がガラリと変わった」。その言葉とはたったこれだけ。「正論を書かないでください」。

　読み手がほしいのは、正しい理論や言葉でなく、自分の内にはない意外性や、新たな発想です。「面白いことを言う人だな」と思われる要素がないと、読者を自分の世界に引っ張っていくことはできません。正論のバイアスを外し、ものの見かたをずらして考える。そんな「ずらし」の観点が面白い文章を生み出します。

Bad タクシーに乗車するときは、マナーを守ることが大切だ。狭い空間で、乗客も運転手も心地よく過ごせるよう、思いやりの気持ちをもつべきだと思う。

はい、仰るとおりですとしか……
マナー講座の教科書みたい

本当にそう！

教科書みたいな文に、人は惹かれないし、「私の視点」がどこにもないよね

例 1

　タクシーは、哀しくもせつない、人生の縮図である。狭い車内で運転手に乱暴な態度をとりたがり、なぜかエラそうな物言いをする人は、実社会で十中八九、仕事ができず、空いばりしている人間なのだ。

Good

例 2

　手を上げてタクシーを呼ぶ。その瞬間から、あなたはすでに試されている。
　狭い空間だからと侮るなかれ。これまで多くの客を乗せ、会話し、あらゆる人生のドラマを垣間見てきた運転手は、たったの3分で、その人の本質を見抜くことができる。

新たな視点で
書き直してみたよ！

PART 3　原稿用紙1枚分を書いてみよう

Lesson 3　最近のできごとで練習

心理描写で、パーソナルな部分に訴える

全米を泣かせなくていい。その人の心のうちにふれる

　人はなぜ、文章に心惹かれるのでしょう。そこには、喜び、哀しみ、迷い、悩み、打算など、さまざまな人間の心理が描かれているから。心理描写が優れていると、読み手は笑ったり、涙したり、共感を覚えたりしながら、文章の世界に導かれていきます。

　たとえば、ある夫婦の会話。「そろそろおなかすかない?」(昼めしつくってほしいんだけど、そう言うと怒られるし)。「え、全然すかない」(つくってほしいなら、そう言えばいいのに。って言うか、あなたのほうが暇そう?)。「そっか。すかないか」(無念!)

　誰かと会話をしていても、心のうちではさまざまな思いが渦巻いています。そんな心のうちを、言葉で表現するのが心理描写。

　描写のコツは、心が揺れ動くプロセスを捉えること。どんなふうに心が移ろい、気持ちが動き、「嬉しい」「楽しい」「悲しい」という感情が生まれたのかを描くと、味わいや奥行きのある表現が生まれます。

> 五感を使って、感情の動きを伝えよう

この甘くて
なつかしい
香り……

金木犀の香りって
何とも言えない
気持ちになるよね……

P92で学んだ五感の表現も、心理描写を豊かにするのに役立つ。

✎ プロのエッセイから、心理描写のコツを学ぶ

　作家・武田泰淳氏の妻、武田百合子氏のエッセイの一部を紹介します。富士山麓での夫との最期の日々を綴った日記『富士日記』より、近隣の松方老人の家を訪ねたときの描写です。
——隣りの部屋からは、イビキが聞える。出されたとうもろこしを私はすぐ食べてしまった。松方さんの膝の向う側に寄せておいてある、残りのドーナツとクリームパンらしいものが食べたい。松方さんが「どうぞ」と言って下さらないものかしら。食べたい。夕飯を抜いてきた私は空腹のため、くらくらとしてきて、部屋全体が遠のいてゆく。

　　　　　　（『富士日記（中）』／武田百合子／中央公論新社）

退屈で空腹。何ということのないシーンも、ユーモアを交えた魅力的な文章になります。心理描写のお手本にしてみましょう。

Lesson 3　最近のできごとで練習

推敲では、「思いました」をまず削る

✏️「思いました」「感じました」は、読み手に委ねよう

　文章は、誰のものでしょう？　まだ世の中に発信していなければ、書き手のものです。けれども、作者の手を離れ、誰かに届いた瞬間から、文章は読み手のものになります。作者以外の誰かが読み、そこに、その人の解釈や感情が生まれることで、文章は大きな意味や価値をもつのです。

　推敲では、次のポイントを意識して。まず、なくてもいい「主語」を削る。「私は朝の公園が好きです」の場合、「私は」がなくても意味は通じます。「私は」と連呼すると、稚拙な印象を与えるうえ、書き手の存在ばかり強調され、読み手は距離を感じます。

　また、「思います／思いました」「感じます／感じました」といった文末表現も、書き手の主観が前面に出てうるさくなるため、要注意。「ひたむきに努力する姿は美しいと思いました」の場合、「と思いました」を削ると、文章が引き締まり、読み手との距離が縮まります。

私は昨年夏、福岡県にある太宰府天満宮を訪れました。学問の神様、菅原道真公を祀る神社です。私は境内のあちこちで、多くの受験生たちが書いた絵馬が掛けられているのを見ました。とても楽しい一日でした。

昨年夏、福岡県の太宰府天満宮を訪れました。学問の神様、菅原道真公を祀る神社です。境内のあちこちに、受験生たちが合格を祈願する絵馬がありました。

今朝、通勤電車で赤ちゃんが泣いていた。周囲の会社員たちの迷惑そうな顔を見て、私は腹が立った。お母さんだって、大変な思いをしているのに、と思った。

今朝、通勤電車で赤ちゃんが泣いていた。周囲の会社員たちの、迷惑そうな顔が目に入る。彼らは、泣いたり騒いだりしないハイパー赤ちゃんだったのかな？

「思いました」を削ったほうが、思いがずっと伝わるね！

PART 3 原稿用紙1枚分を書いてみよう

> こころ先生が 朱 入 れ ！

日常の1シーンの描写で、読み手の心を動かす

心が動いたできごととして、失恋と女友だちをテーマに書いたエッセイ。BeforeとAfterの違いに注目！

Before

誕生日のできごと

私は、先月末が32歳の誕生日でした。

この歳になると、普通は誰かと誕生日を過ごしますが、悲しいことに、私は6年つきあった彼氏と別れたばかり。

誕生日をいっしょに過ごすはずの彼氏と別れてしまったため、私は会社で仕事がまったく手につかなくなり、はっきりいって、会社で何をしていたのか、ほとんど覚えていません。

ただただ悲しい気持ちでいっぱいでした。

顔色の悪い私を、同期のA子が心配してくれていました。

32歳の誕生日はひとりで過ごすしかないと思っていましたが、A子から電話があり、「前から気になってる焼き鳥屋さんがあるから、行こうよ」と誘ってくれました。

A子のやさしい言葉に、私は泣いてしまいました。

友だちのありがたみを感じました。

Check!

PART 3 原稿用紙1枚分を書いてみよう

誕生日のできごと ← 記事の大まかな内容がつかめるタイトルに

~~私は、~~(トル)先月末が32歳の誕生日でした。

~~この歳になると、普通は~~(トル)誰かと誕生日を過ごしますが、 ← かなり主観的な描写。いろいろな立場の読み手を想定してリライトを

悲しいことに、私は6年つきあった彼氏と別れたばかり。

誕生日をいっしょに過ごすはずの彼氏と別れてしまったため、私は会社で仕事がまったく手につかなくなり、はっきりいって、会社で何をしていたのか、ほとんど覚えていません。

ただただ悲しい気持ちでいっぱいでした。 ← ここも、書かなくてもわかるかも?

顔色の悪い私を、同期のA子が心配してくれていました。
← どんな顔色だったか、描写してみて!

← 「~ました」が5回続き、単調な印象。ほかの言い回しはない?

32歳の誕生日はひとりで過ごすしかないと思っていましたが、A子から電話があり、「前から気になってる焼き鳥屋さんがあるから、行こうよ」と誘ってくれました。

A子のやさしい言葉に、~~私は~~(トル)泣いてしまいました。 ← エピソードの要。会話文や心理描写で、ストーリーを盛り上げよう

友だちのありがたみを感じました。 ← 余韻が残る締めかたが理想的!

After

誕生日と涙と焼き鳥屋

「誕生日、お祝いしよう?」。同期のA子からの、ひさしぶりの電話だ。

　先月末は、私の32歳の誕生日。6年つきあった彼氏と過ごす予定だったが、少し前に別れてしまった。しばらくは何も手につかず、ただただぼんやりと働いていた。プシューッと空気が抜けた風船みたいな顔の私を心配し、A子が電話をくれたのだ。

「大丈夫、ひとりでフレンチでも行っちゃうから」。

　明るい声を出そうと試みるが、うまくいかない。

　あーあ、うかつにも涙が出てきた。からだのなかの、6年という歳月をつめこんだ塊が、涙といっしょに、あっという間に溶けていく。

「……私ね、前から気になってた焼き鳥屋があって。焼き鳥、好きでしょ。いっしょに行ってくれる?」

　電話の向こうから、A子の声が心地よく響き、しぼんだ心をフワワフと包み込んでいった。

講評

彼氏と別れてつらいときに
友だちが焼き鳥屋に誘ってくれた。
できごととしてはそれだけだけど、
気持ちを共有できるよね

うんうん。誰とどう別れたかは
それぞれ違うエピソードのはずだけど、
自分の記憶がよみがえったよ

そうだね。それが記憶をよびおこすこと、
書き手と読み手の思いがつながるってこと
なんだよね

Beforeの段階では、話が時系列で
並んでいたから感想文っぽかったけど、
A子の言葉を最初と最後にもってきたら、
エッセイとしての魅力も増したよね

そうそう、つかみと締めは大事よ！
それから五感の表現を加えて、
「思った」の文言も削ることで、読み手の
イメージをふくらませるようにしたんだ

だからいい文章になったんだね！
コツがだいたいつかめてきたよー

PART 3 文章教室 実践編 Summary

Lesson 1 決められたテーマで練習

- 「なりきり作文」なら、設定を考えず楽に書き出せる
- お小遣いアップの練習文は、楽しんで書く練習に最適
- 子ども設定の練習文でも、やっぱり「PREP」が大事
- 書いたら推敲。基本テクニックを使えたか、相手の心に響く文章かをチェック

Lesson 2 好きなテーマで練習

- 気になるテーマを選び、エッセイやコラムに挑戦
- いきなり書き始めてはダメ。まずキーワードを集め、文章を組み立てる
- 読み手の顔を思い浮かべ、キーワードを絞り込む
- 事実を書いたら、「何を意味するか」もセットで書く
- 書いたあとは、重複表現や、同じ話の繰り返しがないかチェック

Lesson 3 最近のできごとで練習

- 自分らしい文章は、まず自分らしさを知ることから
- 面白いネタは必ずある。心が動いた瞬間を思い出して!
- 正論はつまらないもの。「ずらし」テクで魅力的な文章に
- 心理描写で笑いや涙、共感を誘う。プロのエッセイを参考に
- なくてもいい主語や、「思いました」の表現を削る

目的・媒体別レッスン①

SNSや
ブログで、
思いを伝える

現代は、誰もが書き手になれる時代。
SNSやブログで思いを伝え、
多くの人の共感をよべたら素敵ですよね。
媒体ごとに適した文章構成、
表現法を味方につけましょう！

PART
4

Twitter編

140字を
有効活用。
伝えたいことを、
まず明確に

✏ つながりたいのはどんな人？ 伝えたいメッセージは？

　Twitterは、世界中に3億人以上のユーザーをもつ、人気のSNS。伝えたいことを140文字以内でツイートするのが特徴です。短い文章を投稿しあうようすを、英単語の"tweet"（小鳥のさえずり）になぞらえているそう。画像や動画の投稿も可能です。

　Twitterのメリットは、リアルタイムで人とつながれること。気になる人や有名人、人気メディアのツイートを読んだり、ほしい情報を収集したり、緊急時の連絡手段にしたり、同じ趣味のユーザーとなかよくなったり。使いかたはさまざまです。

　価値観のあう仲間や気になる情報を見つけるコツは、「#」ハッシュタグを使うこと。ハッシュタグは、ツイートにキーワードをつけて検索しやすくするためのもの。人気のタグを活用すると、「いいね」や「フォロー」が増える可能性も。ただし、誰でも気軽にツイートできるため、デマ情報に惑わされたり、何気ない言葉で人を傷つけてしまわないよう、注意が必要です。

誰とどんな話をしたいか、使う目的を考える

読み手が誰かで、内容も書きかたも変わる。目的と方向性、キャラ設定をまず考えよう。

同じ趣味の人と盛り上がる？

仕事上の「あるあるネタ」で笑いあう？

同年代の人たちの興味をひける情報に？

新たな気づきや発見を伝える？

Good

 ねこ美@xxxxx

虫が大の苦手で、土いじりを避けて生きてきた私が、はじめてのベランダガーデニング。かわいいミニトマトたちが実ったので、ちょっと欲張ってドライトマトづくりに挑戦！　タテに半分カットして塩をふり、ザルにのせて天日干し中。パスタに入れるのが待ち遠しい〜
#ガーデニング　#ミニトマト

P130の「私の持ち味」を思い出して、そのキャラ設定で書き進めよう！

PART 4　SNSやブログで、思いを伝える

Twitter編

スタート→ゴールの高低差で、短文にストーリー性を

🖉 日常的なできごとが、ドラマチックな面白さに

　Twitterに慣れないうちは、140文字というかぎられた文字数で面白い記事を書くのはむずかしい、と感じるかもしれません。「昨日、学生時代の同級生とひさしぶりに会って、ランチを食べた。懐かしい話で盛り上がった」のように、一本調子で単調な文章になる人も多いでしょう。

　そんなときは、文章に高低差をつくることを意識して。

　たとえば冒頭に「自分にとって苦手なこと」を書き、何らかの経緯を経て、「克服した」という締めにつなげます。「自信満々で臨んだ→失敗した」、「イライラしていた→笑顔になった」、「嬉しいことがあった→ぬか喜びだった」、「期待して食べた→まずかった」など、高低差のパターンはいろいろありますね。

　文章のスタートとゴールで、なぜ状況や感情が変化したのか、そのプロセスを掘り下げて、140字の記事を書きましょう。日常的なできごとが、ドラマチックなストーリーに変化します。

Bad

 Udonski@xxxxxx

わたしは小さいころから、カレーライスが大好き。
最近食べたカレーのなかで、おすすめは、原宿駅の近くにあるカレー屋さんの「欧風野菜カレーライス」。
とても美味しくて感動☆
リピ確定です！

> 美味しかったのはわかったけど……

> 面白みには欠けるよね

PART 4　SNSやブログで、思いを伝える

 Good

> 状況と感情の高低差で、
> 結末の感激がすごく伝わるね！

 Udonski@xxxxxx

原宿駅の近くで見つけた、レトロな雰囲気のカレー屋さん。店内に足を踏み入れた瞬間、「オゥ……」とはげしく後悔。照明はやけに薄暗く、客は私ひとりだ。ところが！　欧風野菜カレーライスを食べて衝撃。欧風カレーの濃厚さと、北インドカレーのスパイシー感が口中に広がる。ここの店主、ただものじゃない。

Twitter編

"読みたくなる"
コメントで
リツイートする

✎ 「この記事おすすめ」だけでなく、自分の視点を加えて

　Twitterの魅力のひとつは、「リツイート」を使った拡散力。いいなと思ったツイートを、自分のフォロワーのタイムラインに再投稿する機能です。フォロワーがさらにリツイートすると、ツイートはどんどん拡散します。自分のフォロワーがもともと10人でも、リツイートによって1000人に届く可能性があるのです。

　また、ユーザーのツイートに、自分のコメントをつけてリツイートする機能も。コメントの文字数は、最大116文字まで。自分のツイートが書けないとき、まずはコメントつきリツイートから練習するのもよさそう。その場合、「この記事、おすすめ」と賛同するだけでなく、自分の視点や見解をプラスしてみてください。

　たとえば、夏休みについて書かれたツイートに、「ラジオ体操、こんなに地域差あるんだ！　私は、スタンプほしさに行く派でした」とコメントつきでリツイート。ツイートを発信したユーザーや、自分のフォロワーと交流を深めるきっかけにもなります。

PART 4 SNSやブログで、思いを伝える

ねこ美@xxxxx

この記事、面白いから読んでみて！

Rico（ドイツ在住）@xxxxx

「ドイツ流シンプルライフ」なんてよく言うけど、要は適当に手を抜け！ってことなんだよね。あったかい料理は1日1回。あとは買ってあるパン、ハム、チーズで十分。家事の外注もアリ。これなら自分の時間ができる。

ねこ美@xxxxx

法律のことはわかんないけど、注目されてた裁判だよね

猫島（あおねこ新聞記者）@xxxxx

aoneko.jp
夫婦別姓をめぐる裁判、最高裁が上告を棄却。原告が特派員協会で会見

Bad

ねこ美@xxxxx

たしかに！ 日本人は家事への期待値、大きすぎだよね。子育て中のみんなにも読んでほしいな。

Rico（ドイツ在住）@xxxxx

「ドイツ流シンプルライフ」なんてよく言うけど、要は適当に手を抜け！ってことなんだよね。あったかい料理は1日1回。あとは買ってあるパン、ハム、チーズで十分。家事の外注もアリ。これなら自分の時間ができる。

ねこ美@xxxxx

原告の訴え、複数の専門家の見解が、わかりやすくまとまった良記事！原告の訴えの合理性がよくわかる

猫島（あおねこ新聞記者）@xxxxx

Good

Instagram編

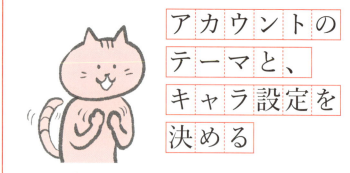

アカウントのテーマと、キャラ設定を決める

「〇〇な人」と印象づけ、写真にも統一感を出す

　Instagramは、写真と動画の投稿がメインのSNS。世界のユーザー数は10億人を超えます。Instagramの魅力は、オリジナルの世界観を視覚的にアピールすることで、ファンづくりができること。もしもあなたが起業や副業をしている場合、ファンになったフォロワーは、あなたの投稿を楽しむだけでなく、そこから商品やサービスの購買につながる可能性もあります。

　人気アカウントをめざすなら、ポイントはふたつ。まず、Instagramを始める目的を考え、投稿内容に統一感をもたせること。理想のフォロワーに共感してもらえそうなことを意識して、「幼稚園児のお弁当レシピ」「アラフォー世代のヘアアレンジ」「おうちでヨガ」など、伝えたいジャンルに特化します。

　次に、あなたはどんな人なのか、キャラを印象づけること。投稿するテーマとの一貫性を考えながら、さっそくプロフィールを書いてみましょう。

> はりきりすぎや背伸びはダメ。あくまで自分らしく

✏️ 実名＆顔出しでいいか、よく考えて始めよう

「実名＆顔出し」にするかどうかは、悩ましい問題ですね。

目的がビジネスなら、名前と顔を知ってもらうことで安心感や信頼性が高まり、メリットは大きいはず。一方、ビジネスを意識せず、自分の世界観を自由に表現したい場合は、匿名やイラストなどを利用しても。個人情報流出などのリスクも減らせます。

どちらの場合も、長く続けるコツは、自己アピール全開の投稿より、自分らしい等身大の投稿をすること。ビジュアルとキャプション（投稿文）のセットで、共感をよぶ投稿をめざしましょう。

Instagram編

一文の文字数はより短く。２０字以内に収める

✏️ 20字で印象づけるには、コピーライティングが有効

　Instagramで忘れてはならないのが、キャプションとよばれる投稿文の存在です。写真とキャプションを揃えて投稿すると、あなたの表現したい世界観が、視覚的にわかりやすく伝わります。

　キャプション作成のコツは、短い文字数で相手の心を惹きつけること。Instagramのフィードを見ると、写真の下に表示されるキャプションの文字数は、せいぜい20字程度。それ以上は、「続きを読む」を押さないと読めません。つまり、フィードで見えている約20文字で、ユーザーの興味をひく必要があるのです。

　そこでおすすめしたいのが、広告で使われる、コピーライティングの手法です。コピーライティングのひとつである「イメージコピー」は、印象的な言葉で、商品や企業などの魅力を伝える文のこと。ポイントは面白く・わかりやすく・シンプルに、短い文字数で書くことです。五感を刺激する描写も、読み手の印象に残りやすいもの。積極的にとり入れてみましょう。

> 五感の表現も使って、短い文に思いをのせる

写真の内容を端的に説明するだけでなく、写真の魅力を高めることも、キャプションの役割。

ひんやり、もっちり、つるん。梅雨のジメジメ気分を吹き飛ばす、水まんじゅうをおみやげに。

クマちゃんとせいくらべ。成長するのはうれしいけれど、ちょっぴりさびしい新米ママです。

みずみずしくて、口のなかでスッと消える感覚が、

私の口のなかでも再現されたよ！

こっちは短くストレートな心のつぶやきから、

子どもへの愛情が伝わってくるね！

Instagram編

写真の魅力、ストーリー性を高める一文を

✏️ 「かわいい」「きれい」だけで、人の心は動かない

　Instagramのキャプションは、冒頭の20文字以内で惹きつけるのが決め手、でしたね。ここでは、ただの日記になりがちな、日常の何気ない写真を、ひと工夫で魅力的な投稿にする3つのヒントを紹介します。

　ひとつめは、擬人法。人間以外を人間のように見立てる方法です。たとえば、クマの木彫りの置物に、「極上の鮭が手に入ったぜ！」と語らせると、ぐっとユーモラスに。**ふたつめは、ノスタルジー（郷愁）。**子ども時代のおもちゃ、おふくろの味、放課後の部活。懐かしい記憶をくすぐられると、人は、幸福感が高まったり、いやされたりします。「小5の夏休みに祖母の家で飲んだ、やかんの麦茶が忘れられない」のようなイメージで。**3つめは、実況中継。**「愛犬と散歩に行った」を、「愛犬マルとはじめての公園にやってきた。どんな冒険が待っているのか。マルは目をキラキラさせている」と展開すると、ストーリー性が生まれます。

かわいさは伝わるけど……

単純な絵日記の印象かな

愛犬のマルと、はじめての公園でお散歩したよ☆
また明日も行こうね！

キャプションを読んでこの写真をもう1回見ると……

可笑しさがこみあげてくるね！

「あかん、もう歩かれへん」。散歩に出かけて10分後、マルはつぶらな瞳で訴えた。

PART 4　SNSやブログで、思いを伝える

ブログ&note編

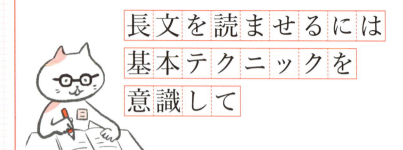

長文を読ませるには基本テクニックを意識して

🖉 「一文一意」「一文目を面白く」など、基本を思い出して！

　いろいろな文章のコツがわかってきたところで、長めの文章にもチャレンジしましょう。ブログとnote、どちらを始めようか迷っている人に、特徴を簡単に紹介します。

　ブログのメリットは、レイアウトを自由にカスタマイズできること、記事の管理のしやすさ、広告を貼って収益化できること、アクセス解析ができること。noteのメリットは、簡単に始められること、機能がシンプルなので、書くことに集中できること、記事が拡散されやすいことです。

　どちらを使うか決まったら、さっそく記事を書き始めましょう。まず、何について書くのか、記事のテーマを考えます。それからPart１、２で覚えた基本テクニック、PREP法で、たたき台を作成してみましょう。「一文一意」「５Ｗ１Ｈ」「面白いところを一文目に」など、できるところからとり入れ、読ませる文章に仕上げていきます。

わが社の「男女格差」の実態

女性の働く意欲を奪わないためには、どのような環境が必要か。じつはこれ、女性だけの問題ではありません。

私はメーカー勤務、37歳の男性です。
先月、はじめて採用面接を担当しました。就職希望の学生のなかでとりわけ印象に残ったのが、院卒で、リーダーシップのある優秀な女子学生でした。
しかし最終面接で、採用は見送りに。
理由は、「女性だから」。女性はやがて、出産で時短勤務などになるから、男性を多めに採りたいというのです。「下手に学歴のある女性は厄介」とも言われました。

最近では、同期の優秀な女性が「子育て中だから」という理由で、リーダー候補から外されたこともありました。

新卒の採用時に男女でバイアスをかけたり、育児中の女性の評価が下がったりする、職場に根付いた男女格差を知り、問題点と向き合うこと。
それが、男性も女性も気持ちよく働ける職場にするための第一歩なのではないでしょうか。

仕事で感じたちょっとした違和感から

社会の格差について気づきがあったんだね

ただのグチじゃないところもいいよね！

ブログ&note編

ターゲットと
テーマは、
つねに明確に

具体的な見出しで、ターゲット層の関心をひく

読み手が自分ごとと感じるのは、「誰に、何を届けたいのか」が明確な文章です。逆にいうと、「何をテーマにすると、ターゲットの読者に届くのか」。ターゲットとテーマ選びは表裏一体です。

ターゲットとテーマ、どちらを先に決めるのかは、ブログやnoteを書く目的で決まります。すでにあなたが、あるターゲット層に向けてビジネスを展開しているなら、ターゲットが先、テーマ選びがあと。ターゲットが決まっていないなら、逆の流れでもいいですね。

どちらの場合も、まずは中身を掘り下げるところからスタート。

ターゲットの年代、属性、肩書き、ライフスタイル、悩みや課題は？ 選んだテーマは、ターゲットが「自分ごと」と感じる内容？ ターゲットにどんな反応や行動を起こしてもらいたい？ これらの準備が整えば、本文だけでなく、見出し作成もラクになります。フックとなる具体的な見出しで、本文へと誘いましょう。

Good

30代独身男性に聞いた、恋人がほしくない理由とは

「恋人がほしい人は60.8%、ほしくない人は37.6%」
これは、20～30代の未婚で恋人がいない男女に、
恋人がほしいかどうかを尋ねた結果だ。
（2015年版「少子化社会対策白書」より）

私自身は既婚の40代女性なので該当しないが、
このデータを見て、「へー」と思った。
だって、隣のデスクのK君（30代独身・恋人ナシ）は、「僕は一生ひとりです」と宣言するほどの独身貴族（死語?）だから。

「なぜ恋人がほしくないの?」と、少々ストレートに尋ねると、こんな答えが返ってきた。
「デートしたり、プレゼントしたり、いろいろ気を遣ったりして、結婚に向かって進んでいく作業って、壮大なRPGみたいで、考えただけで気が遠くなるんです」

そう言いながらも、職場のみんなをいつも気遣い、困っていたらすぐにサポートしてくれる、心やさしいK君。
いつか、大事な人ができたら、精いっぱい応援したい。

見出しと一文目の時点で「自分ごと」って思えたよ

「一対多」じゃなく、「一対一」で語りかけてるのもいいね！

ブログ&note編

読み手の
メリットを
意識しながら書く

✏️ 読む前、読んだあとで、その人の何かが変わるように

文章を書く前の準備では、読み手が、読む前と読んだあとで、どんな変化が起きるのかを考えておくことも大切です。

たとえば仕事でミスして落ち込んでいた人が、あなたの文章を読んで「明日からまたがんばろう」と気持ちをリセットしたり、運動不足に悩んでいた人が、「自分もストレッチを始めよう」と行動したりするように、文章には、人を変える力があります。

ここで必要となるのが、読み手の想像力を刺激すること。人は、論理でなく、感情で動く生き物です。メールで「先日は誠にありがとうございました。今後ともよろしくお願いします」と定型のあいさつをするよりも、「課長にアイディアをいただいたおかげで、面白いイベントになりました。ぜひまた、一緒に仕事をさせてください」と伝えるほうが、心に響きますよね。

共感したり、嬉しくなったり、ハッとしたり……感情を揺さぶられる文章は、読み手の心を動かします。

Good

亡くなった人の笑顔を見つける方法

亡くなった人が忘れられない。悲しみから抜け出せない。そんな気持ちを抱えている人へ、私の体験を綴ります。

先日、大好きな祖父の一周忌でした。複雑な子ども時代を過ごした私は、小学4年から祖父母の家で育ちました。

無口な祖父でしたが、時折見せる、照れたような笑顔は、いまもはっきりと脳裏に浮かびます。
盆踊りで浴衣を着た私を見て「よく似合ってる」と目を細めたこと。野菜を収穫して、「たくさん食べて大きくなれよ」と頭をポンとなでたこと。

つい最近、noteで祖父のことを書き始めました。
そして記事を書くうちに、気がつきました。文章のなかの祖父は、生前と変わらず、話したり笑ったり、いきいきと私の前に存在していたのです。

もしもあなたが、悲しみの底から少しだけ顔を上げられるようになったら、ぜひ、大切な人のことを綴ってください。きっと、あのころの笑顔がそこにあるはずです。

最近は「読了時間〇分」なんて記事もあるけど……

10分かかっても、「読んでよかった！」って思われる文章にしたいよね

PART 4　SNS＆ブログの上達のコツ Summary

I Twitter 編

- 文字数は140字まで。どんなキャラで、何を伝えるか、まず考える
- 好きなテーマをハッシュタグにして、みんなとつながる
- 書き出しとラストで高低差をつけて、ストーリー性を高める
- 「この記事、おすすめ」ではなく、自分の視点でコメントをプラス

II Instagram 編

- あなたの興味、関心、世界観を、視覚的に伝えよう
- 素敵な写真にこだわらず、自分らしく、等身大の投稿を
- キャプションは20字まで。面白く・わかりやすく・シンプルに！
- 気のきいたキャプションで、写真の魅力、ストーリー性をアップ
- 「擬人法」「ノスタルジー」「実況中継」の3つのテクニックが有効

III ブログ＆note 編

- 長文を飽きずに読ませるには、5つの基本テクニックがやっぱり有効
- 誰に、何を伝えたいか。ターゲットとテーマを明確に
- ターゲットにあう内容を掘り下げて、フックとなる見出しをつける
- ただの情報伝達ではない、"読み手の何かを変える"文章をめざす

目的・媒体別レッスン②

みんなに役立つレビューを書く

グルメサイトの食レビュー、
ショッピングサイトの口コミなどは、
いまや私たちの行動を左右する、大事な評価基準。
あなたの視点を軸に、
"読ませる""役立つ"レビューをめざしましょう。

PART
5

食のレビュー 編

何食べよっかなー

美味しかった♡
では、レビューに
ならない

✏️ レビューサイトへの投稿も、心を動かす文章にしたい！

　私たちの暮らしに身近な「食」。レビューサイトに書き込みをしたり、SNSやブログの記事のネタにしたり、食べ物や料理に関する文章を書く機会は多いもの。食にまつわる感想・分析をまとめた文章は、食レビューや食レポ、グルメレポートとよばれます。

　「食」を文章で表現するのは、簡単そうで、じつはけっこうむずかしい。「美味しい」「うまい」と、抽象的な感想を書いても、レビューとはいえません。五感の表現や、書き手の視点による意見、分析を盛り込み、読み手の心を動かす文章が理想です。

　たとえば、「すごく美味しいクッキーをいただきました。最高です！」という文章。「すごく」「とても」と強調されても、書き手の主観でしかなく、読み手にはイメージできません。

　どうすごいの？　どう美味しいの？　どう最高なの？　これらを具体的な言葉で説明するのが、読者の求める食レビューです。

友人から届いた、フランスの有名パティスリーのクッキー。最高に美味しかったです！

友人から届いた、フランスの有名パティスリーのクッキー。発酵バターがふんだんに使われ、芳醇な香りが口いっぱいに広がります。サクサクの軽い食感に、もう一枚、もう一枚、とついつい手が伸びてしまいます。

ペスカトーレとカルパッチョを注文しました。美味しくてコスパもよく、おすすめです！

コクのある魚介の旨味に、爽やかなトマトソースが絡むペスカトーレ。バジルの香りがふわっと鼻先をくすぐるカルパッチョ。フルーティな白ワインがさらに風味を引き立てます。平日ディナーでこの価格なら、通わない手はありません。

こんなレビューだったら、「私も行ってみたい！」ってなるよね

PART 5　みんなに役立つレビューを書く

食のレビュー 編

食感、口当たり、見た目、香り、余韻を具体的に

味の表現トレーニング 1

味にまつわる、「美味しい」以外の表現をできるだけ多く挙げてみよう。

例 絶妙、最高、クセになる　など

味の表現トレーニング 2

「食感」「口当たり」「見た目」「香り」「余韻」にまつわる表現を、できるだけ多く考えよう。

例 シャキシャキ、もちもち、こってり、さっぱり、繊細な、香ばしい、芳醇な、品のある　など

✏️ 読み手の口いっぱいに、その美味しさを表現しよう

あなたが「美味しい」と思う食べ物をひとつ思い浮かべ、「美味しい」「うまい」以外の言葉で、その味を表現してください。「絶妙」「クセになる」など、いろいろな表現が浮かんできますね。

食べ物の美味しさを決定する要素として、大きな軸となるのが「五味」とよばれる5つの味覚。甘み、酸味、塩味、苦味、うま味からなります。たとえば、甘みひとつとっても、「ほのかな甘み」「柔らかな甘み」「とろけるような甘み」「やさしい甘み」「強烈な甘み」など、多様な表現があります。

この五味に加えて、「食感」「口当たり」「見た目」「香り」「余韻」を表情豊かに描写すると、さらにイメージがふくらみます。

味の表現トレーニング③

1、2で挙げた表現を使って、最近いちばん美味しかったものについて、美味しさを伝える文章を書こう。ただし「美味しい」「うまい」は禁句！

食のレビュー 編

池波正太郎に学ぶ！
食レポ名文のテクニック

先生の
いち推し！

　［煉瓦亭］のカツレツは、私が十四、五歳のころから食べつづけてきている。（中略）この店の扉を開けたとたんに、ぷうんと鼻先へただよう香りこそ、まさに、戦前の、日本の洋食屋の、なんともいえぬ香りだ。（中略）狐色に揚がったやつにナイフを入れるとパリッところもがはがれる。これがたまらない。ウスター・ソースをたっぷりかけて、キャベツも別に一皿、注文しておいて食べる。ウイスキー・ソーダ二杯で、このカツレツを食べ、米飯を、ちょいと食べるのが、いつもの私のやり方である。

（『食卓の情景』池波正太郎／新潮社）

　すわった平蔵の前へ、盆が運ばれて来た。熱い飯に味噌汁。里芋と葱のふくめ煮と、大根の切漬がついている。「ふうむ……」平蔵は、里芋を口にし、感心をした。里芋と葱とは、ふしぎに合うもので、煮ふくめた里芋に葱の甘味がとけこみ、なんともいえずにうまい。なかなかに神経をつかって煮炊きをしている。

（『鬼平犯科帳』／池波正太郎／文藝春秋）

名文をお手本にしながら、自分の好み、喜びを伝える

　書き手がどんな舌をもち、どんな好みやこだわりがあり、どんな言葉で「食」を表現するのか。池波正太郎をはじめとする食エッセイの名手たちは、たんに「美味しい」「うまい」とほめるだけではありません。生き様や心意気を反映しながら、自分の好みやお気に入りの食べかたを、軽妙洒脱に描写しています。「食」という入り口をきっかけに、人情や街の風情、自身の過去なども語られ、読み手の感情、記憶に訴えかけます。

　万人受けする必要はありません。味覚には個人差があって当然。名文をお手本に、あなたらしさが伝わる文章をめざしましょう。

あなたにとっての忘れられない味、食にまつわる思い出を、
その情景とともに書いてみよう。

本・映画のレビュー 編

「考えられる」でごまかさず、自信をもって論評

📝 本の読みかた、映画の見かたに、正解なんかない

　読書をすること、映画を鑑賞することが好きなら、さっそくレビューを書きましょう。

　せっかくいい本や映画と出会っても、人は悲しいことに、少し時間が経つと内容を忘れてしまうもの。インプットしたことを、何らかのかたちでアウトプットしなければ、記憶には残りません。レビューを書いてアウトプットすることで、内容が長期記憶として脳内の貯蔵庫に保存され、いつでも取り出せる状態になります。「でも、どの場面でどう伏線が回収されたとか、登場人物の心情がどう変化したとか、正しい解釈ができないと……」と思っているとしたら、そんな心配はいますぐ捨ててください。

　本の読みかたや映画の見かたに、正解や不正解はありません。どう解釈しようと、どう心情を理解しようと、受け止めかたはあなたの自由です。読み手は、あなたの視点からしか書けない、オリジナリティのあるレビューを求めています。

あなたが読み手なら、レビューに望むことは何？

📝 読み手の知りたいことを、具体的にイメージして書く

　本や映画のレビューが、ただの感想文と異なる点は、「その作品を、まだ読んだこと（観たこと）がない人に向けて書く」という性質です。そのため、ネタバレをしないのが大前提で、大まかなあらすじを書くことが求められます。

　それを踏まえて、まずは、読み手がどんな情報がほしいかを想像し、あったらいいなと思う項目を書き出してみましょう。「作品のジャンルは？」「書き手が感じた、作品の魅力」「印象的な場面はどこ？」「著者や監督、俳優はどんな人？」など、出てきた項目をもとに、文章の構成を考えていきます。

本・映画のレビュー 編

抽象＋具体の
繰り返しで、
脱・読書感想文！

📝「感動した」「素晴らしい」だけでは、心惹かれない

　この本は、非常に心に残る作品でした。主人公が困難に立ち向かう姿が素敵で、感動しました。多くの人におすすめの一冊です。

　これは、本のレビュー例。ここには、「心に残る」「素敵」「感動」という言葉が並んでいますが、どの言葉も抽象的で、読者はうまくイメージできず、レビューとしては物足りません。小学生の作文のような印象を受けますね。

　これを解消するのが、「抽象＋具体」をセットで繰り返す、文章テクニックです。「この本は、非常に心に残る作品でした」と抽象的な文章を書いたら、次に「心に残る」の内容をもっと掘り下げ、具体的に描写します。ぐうぜん同じ部署に配属された女性社員たちが、廃部寸前の陸上部をもう一度盛り上げようと奔走する。ちょっと遅めの青春ストーリーに、冒頭から引き込まれた。

　このように「抽象＋具体」をセットで表現すると、作品の世界観が浮かび上がり、印象が深まります。

Good 『ぼくはイエローでホワイトで、ちょっとブルー』

(ブレイディみかこ／新潮社)

　ずっと読みたかった本。感想をひと言で言うと、間違いなく面白い！　人種差別、ジェンダー、貧富の差などの問題に、著者と息子が正面から向き合う。印象的だったのは、著者が評判の良い学校を見学した場面。教室前方の生徒は熱心に授業を受けているのに、後方の生徒は雑誌を読んだり携帯をいじったりしている。

――前方と後方では、まるで違う教室のようだった。こういうのを、教室内の前後格差、とでも言うのだろうか。

　日本で暮らす私のまわりには、差別に悩む人や、生活に苦しむ人はいないように見える。だけど、それは本当だろうか。自分と近い価値観や環境の人たちと一緒にいるから、見えていないだけではないだろうか。

　本書に「エンパシー」という言葉が出てくる。「自分で誰かの靴を履いてみる」という意味で、ケンブリッジ英英辞典では「自分がその人の立場だったらどうだろうと想像することによって誰かの感情や経験を分かち合う能力」だという。「誰かの靴を履いてみる」のは、簡単そうで難しい。だから私は本を読む。本を読みながら、自分と違う世界を体感する。関心を寄せる。少しでも差別や無関心がなくなることを願って。

文章教室に通う Rie さんの作品。
締めの文も心に残るよね

175

本・映画のレビュー 編

映画レビューは、あらすじからの7ステップで構成

🖊 基本構成がわかれば、映画レビューはむずかしくない

　以下の基本構成を使うと、映画レビューも無理なく書けます。

①**映画のジャンルとあらすじ**：アクション、コメディ、アドベンチャー、SF、ホラーなどのジャンルと、あらすじを短めに。

②**面白い？　つまらない？**：よい点・悪い点のどちらかに偏らず、賛否をきちんと説明できると、読み手の信頼を獲得できる。

③**心に残ったシーン、セリフ**：なぜ印象的、魅力的だったのか。

④**ウンチクその１**：「あのシーンの撮影方法は？」「興行収入は？」読み手が気になる疑問を調べる。短めのレビューなら省略可。

⑤**ウンチクその２**：「監督の前作は？」「主演の俳優はどんな人？」など、"人"に注目する。ここも短いレビューなら、なくてOK。

⑥**評者の気持ちの変化**：映画を鑑賞して、気づきを得た、何かをしてみようと思った、など。

⑦**どんな人におすすめの映画か**：仕事に疲れたとき、思いきり泣きたいときなど、どんなとき、どんな人におすすめなのか。

「かもめ食堂」

　何となくやる気が出ないとき、外国を舞台にした映画を観ることが多い。「かもめ食堂」は、気持ちをちょっとリセットしたい人におすすめの映画だ。

　小林聡美演じる主人公サチエは「ここでならやっていけるかも……」とヘルシンキで小さな食堂を始める。もの静かだが来るものは決して拒まないサチエの性格と、おいしい料理にひかれて、様々な事情を抱えた人たちが「かもめ食堂」に集まり、微妙な距離感を保ちながらも、ゆっくりと関係を深めていく。そんな姿が、観ていて心地いい。登場人物が「コーヒーは人に淹れてもらう方がうまい」「人が作ったおにぎりだから美味しい」と語るシーンも印象的だ。人が生きていく為に必要なことは何だろう、と考えさせられる。

　海外赴任が多かった私は、外国の映像を見ると「ここで暮らすとどんな感じだろう？」と、つい想像する癖がある。住む予定もその可能性もない街での暮らしを妄想しては、「相性よさそう」と納得したり、「ちょっと無理かも」とあきらめたりする。

　もちろん、この映画を観ながらヘルシンキ生活の妄想もしたが、快適に暮らせそうなイメージしか湧いてこない。

文章教室に通う、Ojisango! さんの映画評

評者の視点、人柄、人生も浮かび上がってくるね

旅のレビュー 編

思いを共有するには、読者を連れて旅に出よう！

📝 現地から始めると、読み手が旅気分になれない

　旅に出て、自分が感じたことや体験したことを記録としてまとめた文章は「旅レビュー」「旅エッセイ」「紀行文」などとよばれます。どんなに楽しかった旅の思い出も、月日が過ぎると、日常のできごとに上書きされ、記憶が薄れゆくもの。記憶がまだ鮮やかなうちに、自分にしか書けない旅の記録を残しましょう。

　旅レビューを書くコツは、読み手と旅に出る気持ちで綴ること。相手がどんな情報を求めているか、何を面白がってくれるかを考えながら、構成を考えます。また、冒頭でいきなり現地の話を始めず、まずは読み手を現地に連れていくところから。

　JR新宿駅から特急『スーパーあずさ』に乗車し、北アルプスの風景を眺めながら、あっという間の2時間半。終点の松本駅に到着した。ここから2泊3日の信州ひとり旅がスタートする。

　このように、旅の日程やアクセスなどを記すと、読み手自身も旅先を訪れた気分に浸れます。

絶対に食べようと決めていた、とんこつラーメンが美味しすぎて、感動！ 中洲の屋台に入るのは、最初はけっこう緊張したけれど、すぐに地元のお客さんとなかよくなれて、ギョーザをいただいちゃいました。これがまた美味しすぎて、ビールがすすむ！ 笑。明日は、テレビでタモリが美味しいと言っていたうどん屋さんに行きたいな〜。

なんかひとりだけ、テンション高い人になってるかも……

しとしと降り続く梅雨空のもと、私と姉を乗せた飛行機が羽田空港から飛び立ち、約2時間後、福岡空港に着陸。私たちの期待に応えるように、福岡の空は快晴だ。今日から3日間、博多グルメ旅の始まりである。

福岡の旅の魅力はアクセスのよさ。地下鉄を使えば、空港から市街地の博多まで5分、天神まで11分。まずは、屋台のとんこつラーメンをめざし、中洲川端へ。街歩きで時間をつぶし、18時半ごろ屋台エリアに突撃。

「うちのラーメンば食べてみんしゃい！」とノリのいいオーナーに声をかけられ、緊張しながら屋台のなかへ。

旅のレビュー 編

旅で出会った
"人"の描写を、
第三者目線で

🖉 土地の魅力は人の魅力！　観察力で豊かな描写に

「エッセイとは、"人間"を綴ることである」といわれます。旅の体験や見聞に、人間模様を組み合わせると、面白みや親近感がぐっと増します。ともに旅した人と、些細なことがきっかけでケンカになったエピソード、現地で出会った人に助けてもらった話など、その土地の雰囲気を交えて書いていくといいですね。

　人を魅力的に描くには、その人を徹底的に観察して、特徴をじっくり捉え、そのままの姿を切りとること。

――バスに乗ろうとしたとき、後ろから肩をたたかれた。「これ、落としましたよ。今日は暑いから、帽子大事に！」。振り向くと、俳優の田中圭さんにどこか似た、人をほっとさせる、やわらかな笑顔の青年だった。

　この例文のように、外見や個性、性格、表情、手足の動きなどを、その人の会話とともにいきいきと描写すると、ひとつのドラマが生まれます。

今回の京都は、かつての上司、武富さんが案内してくれる。京都御苑の裏で生まれた、生粋の京都っ子だ。ホテルのロビーで待ち合わせ、武富さん夫妻と、予約してくれた小料理屋さんへタクシーで向かう。

　季節だし、やっぱり鱧(はも)かな。品書きを見ていると、武富さんが笑った。「鱧なー。言うほど美味しいかと思うけどな」。この人のこういうところが、大好きだ。変わらないなと思う。

　どうしよう、レバーがない。ボタンもない。水が流せない……！　パリ市街地の中心部の公衆トイレで、私は青ざめた。あと数分ならがまんできた。どこかのカフェに入って、トイレを使えばよかった。

　10分後、私は全身、水浸しになる。天井からシャワーが出て、個室ごと洗うしくみだったのだ。半泣きで外に駆け出すと、小柄でかわいらしいアジア人女性と目があう。彼女は盛大に笑い、バッグからハンドタオルを差し出してくれた。

旅の楽しさや臨場感もよく伝わるね！

国内旅行なら、方言を入れても魅力的だよ

旅のレビュー 編

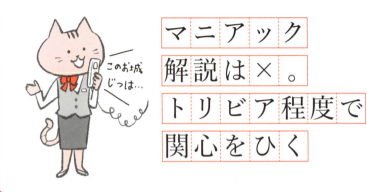

マニアック解説は×。トリビア程度で関心をひく

Bad

　鎌倉旅行で極楽寺を訪れた。極楽寺は、鎌倉唯一の真言律宗の寺である。

　開基は北条義時の三男・北条重時で、正元元年（1259年）に深沢の念仏系寺院を移転したことに始まるが、重時の子の長時が伽藍を整備し、開山・忍性が文永四年（1267年）に赴任したときが実質的な創立といえるだろう。

　全盛期には、金堂、講堂、十三重塔などの伽藍のほかに49の塔頭を備えた大寺院だった。しかし、合戦や火災、地震に見舞われ、唯一残った吉祥院が本堂となっている。花の寺ともいわれ、春は桜、夏は百日紅など、四季折々の花が咲く。

何言ってるかわかんない……

さては歴史オタク？

街や建物の知識は、フックとして軽く使って

　鎌倉をテーマに、建築物や街の由来、創建の時代背景、重要文化財のウンチクを次々に披露――左下の例文は、この時点で、多くの読者を失っています。

　問題は、自分の関心事、知識レベルを基準にし、読み手の気持ちをまったく考えていないこと。鎌倉はたしかに歴史ある土地で、建造物も大きな魅力ですが、興味をもつきっかけは人それぞれです。鎌倉の魅力を伝える側が、入り口を狭めるのは考えもの。

その土地をまるで知らない人も、「面白い！」と感じる程度のトリビア知識をフックに使い、読み手の気持ちをつかみましょう。

花を楽しむ寺社巡りシリーズ、今回は鎌倉へ。

江ノ電の極楽寺駅から極楽寺坂切通を下り、御霊神社へと続く道は、「アジサイ散歩」の名所として大人気。極楽寺に到着すると、色とりどりのアジサイとひっそりと佇む極楽寺の姿にうっとり。映画のロケ地として使われるのも納得だ。

じつは、極楽寺がいまの姿になったのには理由がある。1259年に建立され、全盛期は、金堂や講堂、十三重塔など49の塔頭を備えた大寺院だった。しかし合戦や火災、震災に見舞われ、現在はただひとつ残る吉祥院が本堂となっている。

そうそう、みんなが楽しめるのはこのくらい！

自分基準で考えないことが大事なんだ

PART 5 レビューの書きかた Summary

食のレビュー 編

- 「どう美味しいか」を具体的に伝え、心を動かす文章に
- 美味しさの表現は、「食感」「口当たり」「見た目」「香り」「余韻」がカギ
- 「繊細」「芳醇」「香ばしい」など、表現の引き出しを増やそう
- 食にまつわるすぐれたエッセイを読み、食レポ力を高める

本・映画のレビュー 編

- 本や映画の解釈に正解はない。あなたの視点で、自信をもって書いてみよう
- ジャンルや印象的な場面など、読み手が知りたい情報は必ず押さえる
- 「抽象的な表現+具体的な表現」の組み合わせで、作品の世界観を伝える
- 映画レビューには型がある。あらすじからの7ステップで構成

旅のレビュー 編

- 現地の話から始めず、読み手とともに旅を始めて
- 旅先で出会った人、人間模様の描写で、面白みや親近感アップ
- 人の描写をするときは、特徴をしっかり捉え、第三者目線で
- マニアックすぎる解説は×。誰でも楽しめる街の知識、魅力を伝える

目的・媒体別レッスン③

読者に愛される"中の人"になる！

「仕事で、SNSで発信するように言われたけど、
書きかたがわからない」。
最近は、文章教室でも、こんな悩みがよく聞かれます。
セールス感を出さず、
あなたの視点を言葉にするのが、
最大のポイントです。

PART
6

イメージアップ 編

広報担当には、SNSのスキルが必須

「新製品おすすめ」じゃダメ。外しのテクニックを使って

消費がモノからコト、ヒトへとシフトしているいま、どうしたら自社（商品、サービス）のファンを獲得できるかは、大きな課題です。そこで注目されるのが、SNSの運用。公式アカウントの担当者（＝"中の人"）がフォロワー（＝消費者）とつながることは、必要不可欠なマーケティング戦略です。

けれども、ただの情報発信や宣伝では、フォローすらされません。重要なのは"中の人"のキャラクターづくり。たとえばTwitterは、宣伝の投稿をメインにせず、ちょっと外した角度で話題を提供し、フォロワーとの会話を盛り上げます。Facebookは、役立つ情報を発信する、広報向きのツール。Instagramは写真や動画を使って視覚的にアピールし、ファンを増やします。

個人事業主の場合も、SNSでメッセージを気軽に発信したり、HPに誘導したり、メリットは大きいもの。宣伝目的でなく、ファンづくりの場として活用するのがおすすめです。

3大SNSそれぞれの特性をいかしたPR投稿を

3大ツールすべてを活用し、使い分けている企業も増えている。

Twitter

NYARP@xxxxx

会社からは新製品のPRを、とのお達しですが……その前に、まずはうちのネコ見て！
　＃炊飯器　＃かまど炊き

リアルタイムなトレンド情報、面白ネタを提供し、フォロワーと共有する。

Facebook

 Nyally's Coffee

いつものコーヒーの風味が5割up！バリスタ秘伝の3つの方法、教えます
＃コーヒーの淹れかた　＃おうちカフェ

広報的な立場で、消費者の役に立つことや知識欲を刺激するような情報を発信。

Nyap
投稿　　フォローする

始まりました、SSコレクション。好きなコーデに投票して、コーデ一式を当てよう！
＃コーデ　＃プレゼントキャンペーン

Instagram

写真や動画による視覚的アピールで、企業のブランドイメージや世界観を表現。

イメージアップ編

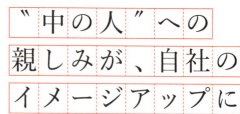

"中の人"への親しみが、自社のイメージアップに

🖊 人間らしさを感じさせる、キャラ設定やエピソードを

　企業の公式アカウントという立場で、どこまで「個」を出せばいいのか、さじ加減がむずかしい……と感じる人もいるでしょう。

　多くのフォロワーをもつ、人気アカウントの"中の人"たちは、自らのキャラを隠さず、ときには失敗談も語るほど、自然体で日々の投稿を続けています。そのポイントは、次の3つです。

1. 企業の「代表」という立ち位置より、「ひとりのファン」であることを忘れずに。

2. 常連フォロワーとの距離感をきちんと保ち、一見さんが入りにくい雰囲気をつくらない。

3. 慣れてきたら、異業種のアカウント担当者と交流する、企業間コラボも面白い。それぞれのフォロワーが互いのアカウントをフォローすることで、フォロワー数の増加にもつながる。

　フォロワーと真摯に向き合い、自分の思いを誠実に伝えていくことが、愛されるキャラクターへのいちばんの近道といえます。

Good

Fujinya@xxxxx

「〇〇くん、そろそろバズらせてよ」。……上司からの無理難題、アナタならどう答えますか？
（＊写真はイメージです）

「会社」と「自分」を分けて語る人には、

同じ会社員としての共感もわくよね

〝中の人〟の魅力は、企業と個の絶妙なバランス。素の自分で共感度をアップ。

プライベートをあかさなくても、

同じ目線で共感を誘えてるね！

自社に関係ないニュースでも、関心事を共有することで、距離感が縮まる。

Good

AonekoHouse@xxxxx

小学生キッズがいる皆さん！
こんな自治体、うらやましくないですか？
低学年には大きすぎ、重たすぎのランドセル。
軽くて合理的なものに変わっていくといいですね

通学用ランドセルを登山リュックタイプに。
富山県立山町が児童に無償配布

PART 6 読者に愛される〝中の人〟になる！

イメージアップ 編

宣伝要素は1割。
あなたの視点や、
「好き」を伝える

🖉 企業と顧客の中間的存在として、会話を楽しもう

　Twitterは、投稿に共感した消費者とつながるためのコミュニケーション・ツール。宣伝ばかりの投稿は、逆効果です。

　企業とお客さんをつなぐ中間的な立場として、友人や知人のような関係性をつくり、親しみをもってもらうことが、"中の人"の大切なミッションです。投稿の割合は、会話が9割、宣伝要素は1割程度が理想です。会話とは、おしゃべりのこと。自分の好きなことや面白いと思ったことを伝えたり、みんなの話題に首を突っ込んだり。フォロワーと友だち感覚で会話を楽しみます。

　では、残りの1割で、どのような投稿をするといいのでしょう。

　Part1、2で学んだ文章術と同じく、「読み手にとって価値ある情報か」が基準です。「売り手が売りたいもの」ではなく、「読み手が知りたいこと」は何かを想像し、厳選してPRすることが肝心。「梅雨のこの時期、こんなグッズがあると快適」というように、つねにフォロワーの視点に立った提案をしましょう。

PART 6 読者に愛される"中の人"になる！

日々の
コミュニケーション
を深め、

AonekoMeat@xxxxx

フォロワーさんに教えていただいた大豆ミートサンド、さっそくつくってみました。ブラックオリーブがきいてて大人味♡
#大豆ミートレシピ

AonekoMeat@xxxxx

つづいて、ズッキーニの肉詰め！旬の大きな黄ズッキーニが100円で買えたので、黄色バージョンで。ピーマンの肉詰めより甘みがあって、子どもたちにも好評でした
#大豆ミートレシピ

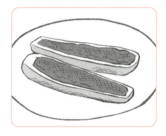

盛り上がっている話題にどんどん飛び込み、自然体でおしゃべりを楽しもう。

宣伝するときも、

活用法、楽しみかたを
伝えよう！

フォロワーの視点に立って、活用法、楽しみかたも含めて提案したい。

たまーに宣伝！

AonekoMeat@xxxxx

上司から、「食べてばっかだな！」と、お褒めの言葉をいただきました。
いいじゃない、お肉の会社だもの😊

というわけで、今日は新製品「ハンバーグ用大豆ミート」のご紹介。
お子さんも喜ぶデミハンバーグのレシピを公開。ぜひお試しを！
#大豆ミートレシピ

イメージアップ 編

不用意な発言、無知による炎上を避けるには

✏️ **「知らなかった」は通らない。つねに他者への配慮を！**

　SNSを運用している場合、「炎上」のリスクは切っても切り離せないもの。「SNS炎上」が起こる原因は、"中の人"のモラルに欠けた態度、繊細な問題に対する極端な発言、誤解される発言など。匿名性の高いネット社会では、一度炎上した案件は、誰にも止められません。一個人でなく、企業を代表するアカウントですから、企業姿勢が問われる事態に陥ってしまいます。

　炎上を100％防ぐのは無理ですが、リスクを極力低くすることはできます。まず注意したいのが、差別的発言。人種をはじめ、その人の属性、アイデンティティを傷つけるような発言は、絶対にやめましょう。「これが差別的発言と思わなかった」というケースも多く、差別用語や、人権問題とその歴史をとり上げた本などで、差別とは何か、一度はきちんと学ぶことをおすすめします。

　そのほか、フォロワー間で意見や考えかたが分かれたり、衝突しやすい政治的話題なども、避けたほうが無難でしょう。

差別的発言や、炎上しやすい話題に注意して

下記は一般的な例。企業ごとにルールを設けて運用を。

差別的な意図がなくてもダメだよ！

差別

人種差別、性差別、年齢差別、身分差別など、さまざまな種類がある。たとえ差別の意図がなくても、人を傷つけることに変わりはない。

宗教

3大宗教であれ、その他の宗教であれ、宗教間対立はつねに起こりうる。企業自体が多様な人の集まりなので、特定の立場に立つことは避けて。

セクシュアル

見た人が不快になるような下ネタは論外。広告炎上でしばしば見られるジェンダー関連の無理解、LGBTQへの偏見なども、もってのほか。

政治

政治思想や支持政党は人それぞれ。論争になりやすいだけでなく、「そういう考えの人はフォローしたくない」と思われるリスクも高い。

思想

社会や世界の問題をどう考えるか。たとえば、死刑制度に賛成か反対かなど。これも異なる意見の人から、敬遠されたり、批判されたりしやすい。

過去の炎上案件からも、何が問題か学ばないとね

セールスアップ 編

自身の店や、
推しの商品の
魅力を伝える

店の魅力を伝える

どこよりもくつろげるカフェ、始めます

やわらかな光が差し込む店内に、北欧モダンの椅子と
テーブル。正面のスピーカーからはボサノヴァが流れ、
コーヒーを楽しむ人たちをやさしく包み込む。
昭和喫茶のようなアンティークさではなく、
かといってモダンすぎず、いるだけで落ち着く空間。
ずっと、こんな喫茶店を開きたいと思っていた。

いい場所を探したり、納得いく焙煎を完成させるのに
時間がかかったけれど、ついに来月5日にオープン予定。
コーヒーと音楽を愛する皆さんにお会いできるのを、
心からたのしみにしています。

あなたの個性と視点で、商品への「愛」を語る

　カフェやネイルサロン、リラクゼーションサロンなど、開業して自身の店をもつ人も増えていますね。企業内で、現場の店長がブログを開設、というケースもあります。「大企業の広報とは違い、売り上げも切実。ひとりでも多く集客したい！」「売り上げにつなげたい」という気持ちもあるでしょう。

　でも、宣伝ばかりの投稿では、やはり集客効果は見込めません。まずはあなたの人柄が伝わる文章で、ファンを増やすこと。特定の商品を宣伝する場合も、商品特性だけでなくその商品への「愛」を伝え、共感をよぶ文章をめざしましょう。

商品の魅力を伝える

NYALDI店長が語る、夏の2大偏愛アイテム

NYALDIの魅力は、宝物を発掘するようなワクワク感。
ここにはいつも、新しい発見があります。
そんなNYALDI愛にあふれる私、店長・オダジマが、
「夏の2大偏愛アイテム」をご紹介。働く前から、長く
通っていた店。このセレクトにはちょっと自信があります！

まずは「ドライマンゴー」。何度リピートしたことか。
やさしい甘みと肉厚な食感が、もうやみつきです。
もうひとつは、「レモネードベース」。5倍濃縮のレモネードの
もと。甘さと酸っぱさのバランスが絶妙で、夏場は品薄に
なることが多いから、見つけたら即買いです！

セールスアップ 編

いまはまだないニーズを、言葉の力でよびおこす

意識下の「消費者インサイト」に、言葉で訴える

　たとえば、ある人がチョコレートを購入したとします。その人に、「なぜそれを購入したの？」と尋ねると、「好きだから何となく」「お菓子の棚で目に入ったから」と、はっきりしません。自分で買ったのに、答えられないのはなぜでしょう。

　私たちの意識下には、「ニーズ」より、もう一段階深いところに「自分自身が自覚していない、何らかの動機に結びつく、新たな視点」があります。この視点が「消費者インサイト」です。

　消費者インサイトを得られると、ターゲットに対し訴求力の高い記事を書くことができます。見つけかたは、ターゲットの本音（先入観）を特定し、思いを巡らすこと。

　たとえばネイルサロンのPRの場合。ターゲットが「主婦」、本音が「子育てと仕事で必死」「自身の美容は最低限しかムリ」なら、インサイトを「自分がリラックスすることは、家族が幸せになること」と捉え、保育つきのサロンを提案する、という具合です。

Good

　先日、入荷したてのミモザを、知人の女性に少しおすそわけしたときのこと。
「はずかしいんだけど、自分のための花なんて、長いこと買ってなかったのよ。キッチンに飾ったけど、いいわね。気分が違う」。
　日々の生活に追われているときだからこそ、自分をいたわり、楽しませるためのうんと小さな花束を。
　フラワーショップNyallyからの提案です。

　「和食って、美味しいけど手がかかる」「家でちゃんとした和食は無理！」という声をよく聞きます。
　でも、和食の旨味はだしが決め手。
　いいだしさえあれば、いつも以上の手抜き調理でも、美味しさは保証されたようなものなんです。
　私のヘビーユースは、当店のあごだしパック。
　この季節に欠かせない鍋料理にも重宝します。

最近はニーズも多様化して、いろいろだもんね

画一的ではないPRが必要ってこと！

セールスアップ 編

相手が大勢でも、「一対一」と感じさせる文章を

📝 読み手の「ペルソナ」を考えて、商品の魅力を伝える

「ペルソナ」は、もともと「仮面をかぶった人格」という意味の心理学用語。その後マーケティング用語として使われ、「理想とする顧客」を表す言葉になりました。

店や商品のPRはもちろん、アフィリエイトやwebライティングでも、ペルソナの設定は有効。訴求力が高まり、読み手は自分に向けて書かれた「一対一」の記事として捉えます。

ペルソナを設定する前に、まずは読者像のリサーチから始めましょう。記事の"テーマ""ジャンル名""悩み"などで検索し、上位表示されているサイトの内容から「理想とする読み手」を大まかに想定します。

その人たちが読みそうな雑誌、メディアなどを調査するのもいいですね。読み手のイメージが固まってきたら、年齢や性別、職業などの「属性」、価値観などの「パーソナリティ」についても考慮し、詳細なペルソナを設定しましょう。

属性だけじゃ不十分。人物像まで設定しよう

「30代独身女性」程度の設定では不十分。人物像を明確に思い描き、商品の魅力、必要性を文章で訴求する。

PART 6 読者に愛される"中の人"になる！

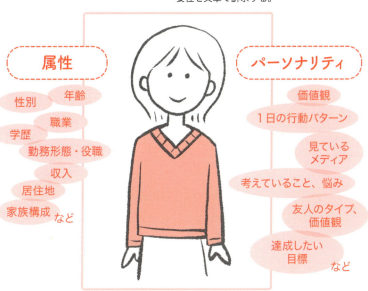

属性
- 性別
- 年齢
- 職業
- 学歴
- 勤務形態・役職
- 収入
- 居住地
- 家族構成 など

パーソナリティ
- 価値観
- 1日の行動パターン
- 見ているメディア
- 考えていること、悩み
- 友人のタイプ、価値観
- 達成したい目標 など

Good

朝、時計を見ると「うわ、もうこんな時間！」身支度を整え、遅刻寸前で電車へダッシュ。朝ごはんなんて、しばらく食べていない。食べるより寝ていたいから。でも、本当は、朝ごはんをきちんと食べる生活にあこがれがある。それなら発想の転換を。朝ごはんが楽しみで自然に目が覚める方法、教えます。

199

セールスアップ 編

キャッチコピーと ボディコピーを 上手に使う

🖊 面白くわかりやすく、シンプルに。これが最大の秘訣！

　よいコピーは「描写」でなく「解決」である。
──これは、『日本の女性は、美しい。』(資生堂) などの名コピーで知られるコピーライター・谷山雅計氏の言葉です。

　コピーライティングでは、「商品の魅力・特徴を説明する」という書き手のエゴでなく、「ユーザーの課題を解決する」姿勢が求められます。お客様が商品やサービスを利用する場合、どんな阻害要因があるのかを洗い出し、ネックになっていた課題を解決できる文章が、刺さるコピーなのです。

　「キャッチコピー」の役割は、その広告に人を惹きつけ、商品やサービスをもっと知りたいと思わせる入り口となること。キャッチコピーがタイトルだとしたら、本文にあたるのが「ボディコピー」。商品やサービスの機能・コンセプト・価値などを具体的な文章で語ります。ストーリーをもった「小さな読み物」にできると、訴求力が高まります。

キャッチコピー

そばにいてくれて、よかった

ボディコピー

上司にダメ出しされたとき。彼女とケンカしたとき。

そばにいてほしいのは、軽めビターの缶コーヒー。

心のピースを埋めるように体にすっと沁みわたる。

「やっぱり、好きだな」

いつの間にか、彼女がとなりでほほ笑んでいた。

キャッチコピー

たったひとりで未来に挑む、君へ

ボディコピー

受験当日の朝がきた。

つぶれそうな心と必死に戦っているはずなのに、

会場に現れた君は、ハッとするほどカッコいい。

ひとりだけど、ひとりじゃない。塾の仲間や先生と

過ごした日々は、ぜんぶ君のパワーになっている。

まずはキャッチコピーで気持ちをつかみ、

ボディコピーを読んでもらえるようにしよう！

PART 6　読者に愛される"中の人"になる！

PART 6 ビジネスのための発信術 Summary

イメージアップ 編

- 公式アカウントは、企業のファンづくりの場として活用
- Twitter、Facebook、Instagram、それぞれの特性をいかした投稿を
- 魅力ある〝中の人〟になるには、読み手と真摯に向き合い、自分の思いを伝える
- 宣伝要素は1割程度に。あなたの視点でコミュニケーションを楽しんで
- 差別的な意図がなくても、差別的発言は厳禁
- 宗教、セクシュアル、政治、思想にまつわる発言も避ける

セールスアップ 編

- 共感をよぶ文章で、あなたの店、推しの商品の魅力を伝える
- 読み手自身も意識していないニーズを、言葉の力でよびおこす
- 読み手の属性、パーソナリティ像である「ペルソナ」を、具体的に想定
- ペルソナをもとに、その人に届く「一対一」の文章を
- コピーライティングは、「ユーザーの課題を解決する」姿勢で
- キャッチコピーで惹きつけて、ボディコピーで魅力を伝える

目的・媒体別レッスン④

ネットで"セミプロ"ライターをめざす！

多くの人がつねにスマホを持ち、
ネット記事を読む時代。
自分の記事を大勢に読んでもらえるチャンスが
格段に広がりました。
身近な人への取材などから始め、
プロの技を少しずつ身につけていきましょう。

PART
7

実用記事 編

子どもにもわかる難易度で、役立つ知識を届ける

📝 「超入門者」を想定して書けば、必ず伝わる

「webライターとして、仕事してみたい」というあなたに、まず身につけてほしい、大切なことをお伝えします。

　それは、子ども（小学校の高学年くらい）にもわかる文章を書くこと。「ああ、それならできそう」と思った人もいるでしょう。いえいえ、そう簡単にできることではないのです。

　ついやってしまいがちなのが「これぐらいわかるはず」と勝手に決めつけ、肝心の説明をはしょったり、専門用語や意識高い系のカタカナ語を散りばめること。書き手の常識＝みんなの常識ではありません。「50代からのスキンケアにジャストフィットなフローは〜」なんて書いてしまう人は、要注意。「50代からのスキンケアに最適な流れは〜」のほうが、誰でも理解できますね。

　子どもにもわかる文章を書くためには、「どんな言葉で表現したらわかりやすいか」という意識をつねにもち、徹底的に言葉選びにこだわること。これがライターとしての出発点です。

初心者での自宅でスマート座禅で、精神統一を。オーセンティックな胡坐(あぐら)のスタイルで座り、静かに呼吸をリピートします。

 おうちでできる簡単な座禅の方法を紹介します。座禅は、仏教における精神統一修行のひとつ。胡坐で背筋をピンと伸ばし、自分の心と向きあいながら、静かに呼吸を繰り返します。

 新ビジネスのイノベーション創出では、視野狭窄・短絡的思考に陥り、既視感のある方法論しか排出できないという声を聞きます。

 新たなビジネスを創造しようと試みるとき、視野や考えかたがどうしても狭くなってしまい、どこかで見たようなアイディアしか出てこない、という声をよく聞きます。

 自分の得意なテーマで書くときも、このくらいの難易度でね！

 うんとうんとかみ砕いて、伝えるようにしなくちゃ

実用記事 編

まずは800字前後で。見出しは3〜4つがめやす

✏ web原稿の依頼と思って、得意なテーマで書いてみよう

　どんな記事を書くときも、忘れてはならないのが「そのテーマの基本のキを書く」こと。たとえば、テーマが「睡眠」なら、「人間には、本来どれくらいの睡眠が必要か」とか「そもそも、睡眠とはどういう状態をいうのか」のように、もっとも基礎となる部分を書くことで、入門者にもやさしい記事になります。

　よく知っている分野であっても、もちあわせの知識で書かず、下調べ、事実確認を入念に。この作業がきちんとできれば、苦手分野の記事の依頼がきても、上手く対応できるようになります。

　まずは、800字前後の記事を書くところから始めましょう。テーマは、あなたの得意なものでOK。大見出しのほか、小見出しを3〜4本立て、話題ごとに段落を分けます。書き始める前に、全体の骨組みを決めておくといいですね。どこかのメディアや制作会社からweb原稿の依頼を受けたつもりで、設定を明確にして書くと、いいトレーニングになりますよ。

Good

自己肯定感を高め、折れない心を育む!
子どもにかけてあげたい、魔法の10ワード

● 自己肯定感をもてず、生きづらい子が増えている

近年、子育ての場だけでなくビジネスの場でも「自己肯定感」という言葉が注目されています。

自己肯定感は、「自分には長所がある」「自分は必要とされている」と感じ、自分の存在をそのまま認め、受け入れること。児童教育研究家の鴨井鴨宏氏は、「幼少期に、保護者や教師が『どのような言葉をかけるか』が、自己肯定感の形成に大きく影響します」といいます。

● まずは、つい言ってしまいがちな「NGワード」から

あなたはわが子に、つい「ママも勉強できなかったから、しかたないね」などと話していませんか?

親の自己肯定感が低い場合、つい自分を否定的に語りがち。言われた子どもは「やっぱり努力してもムダなんだ」となり、自分の価値を信じ、努力することができなくなります。

反対に、「このくらいでも、わからない?」という否定的発言を無意識にしてしまったり、「お兄ちゃんはできたのに」ときょうだいと比べたりするのも、絶対にNGです。

自説の押しつけでなく、役立つ情報を伝えよう!

実用記事 編

SEO（検索エンジン最適化）も、必須のスキル

🖉 検索数を調べて、多くの人に読まれる記事に

　Googleなどの検索結果で上位表示されやすいように記事を書くことを「SEOライティング」といいます。Googleは「いま、ユーザーがほしい情報」が掲載されているサイトを上位に表示する傾向があります。記事で対象となるキーワードが読み手に必要とされているか、そのキーワードを調べたユーザーの「検索意図」は何かを捉えて記事を書くことがSEOのポイントです。

　まずは、企画した記事でねらいたいキーワードを必ずひとつ設定します。次に、ねらいたいキーワードの検索ボリュームを、「Googleキーワードプランナー」のサイトに入力して調べます。

　ボリュームが低ければキーワードと記事内容を変更し、ボリュームが高い場合は複合キーワードをリサーチ。それらのキーワードから検索意図を細分化し、記事を作成します。

　キーワード選定を間違えると、ユーザーや検索エンジンに評価されやすい記事でも、上位に表示されないので注意しましょう。

メインワードと複合キーワード、両方を入れて書く

最初に選んだワードと、セットで検索されるワードも入れる。

1 キーワードを設定
例 美肌

記事でねらいたいキーワードを、必ずひとつ設定。「美肌 化粧品」のように複合キーワードもOK。

2 検索ボリュームをリサーチ
例 「2万4000。これなら十分！」

ボリュームが低い場合は、ねらうべきキーワードと記事を変更し、再度リサーチを。

3 複合キーワードをリサーチ
例 美肌 食べ物 サプリ

さらに複合キーワードを調べ、それらのキーワードから検索意図を読み取り、記事を作成。

美肌におすすめの食べ物と、毎日摂りたいサプリ

毎日のスキンケアも大切ですが、美肌をめざすなら、食事による内側のケアがより重要。ハリツヤの美肌をつくる食べ物と、ビタミンCを豊富に含むサプリを紹介します。

豚肉に豊富に含まれるビタミンB_1は、皮膚の新陳代謝を活発にし、新しい細胞をつくり出す働きがあります。

年齢とともに肌の乾燥、たるみ、シミが気になってきた人は、積極的に摂りましょう。

インタビュー編

目的・内容・時間を明確にして、依頼文を送る

📝 第一にていねいな依頼。第二に入念なリサーチを！

著名人のインタビュー記事をよく目にしますが、いきなりはハードルが高いもの。まずは社員に仕事や趣味の話を聞いたり、知り合いの専門家にエピソードを聞くインタビューから始めましょう。社内報や自社メディアなどにも活用できます。

まずは、取材実現のための依頼文の書きかたから。対象者に企画意図を伝えるための文書です。ポイントは、６Ｗ３Ｈの要素を入れること。「なぜ（Why）：取材目的、人選の理由」「何を（What）：テーマ、質問内容」「誰が（Who）：取材する人」「誰に（Whom）：取材対象者」「いつ（When）：取材日時、掲載予定日」「どこで（Where）：取材会場」「どのように（How）：取材方法（対面、オンラインなど）」「いくら（How much）：謝礼など」「どれだけ（How many）：取材の所要時間」を明記します。

質問内容を考えるときは、相手の履歴や情報をリサーチし、インタビューの軸となる項目を10個ほど考えましょう。

> **原稿と同様、見やすくわかりやすい依頼文に**

犬山 犬美先生

　拝啓　時下ますますご健勝のこととお慶び申し上げます。

　現在、私共で、弊社社内報『Aoneko Life』の編集をおこなっております。ぜひ本紙にて、犬山先生に取材にご協力を賜り、ペットの災害対策についての記事を掲載させていただきたく、お願い申し上げる次第です。

　ご多用の折、誠に恐れ入りますが、以下の企画概要をご確認のうえ、ご検討いただけますと幸いでございます。何卒、よろしくお願い申し上げます。　　敬具

［掲載媒体］　　『Aoneko Life』2022年2月号
［取材内容］　　ペットと暮らす家庭での災害対策
［取材希望日程］12月1日（火）〜15日（火）

- 媒体名や、公開・発行予定日は？
- 聞きたいテーマと方向性は？
- インタビュー時期、所要時間は？

礼を失しないように注意しつつ、ムダのない文章を心がける。

依頼文の送付は第一のハードル

配慮に欠けると受けてもらえません！

PART 7　ネットで"セミプロ"ライターをめざす

インタビュー編

聞いた素材を
どう調理するかは、
あなたしだい

✏️ 全部はメモしない。会話の流れを大切に

　では、実際のインタビューの流れとポイントを紹介します。

1．まずはカジュアルな話題から。最初から核心に迫ると相手は緊張する。リラックスできる会話から始めよう。

2．印象的な言葉やしぐさ、表情などをメモする。ICレコーダーを使用すれば、会話の内容をこまかくメモする必要はない。とくに心に響いた言葉や、印象的な表情などをメモしよう。

3．臨機応変に質問変更。筋立てどおりに会話が進まなくてもいい。質問リストを軸にしつつ、相手のノリや話の盛り上がりにあわせて柔軟に質問を変えて。予想以上に面白い話が聞けることも。

4．「相手をもっと知りたい」という姿勢で臨む。インタビュー記事は、相手の想いや人物像を読者に伝えるためのもの。敬意と好奇心をもつことを忘れずに。

　聞いた話を原稿にまとめるときは、もっとも響いた言葉、印象的なフレーズを、記事を書くときの核にするといいでしょう。

「あなたのことが知りたい！」という姿勢で、話を聞く

プロが基本とする取材姿勢を覚えておこう。

Ⅰ カジュアルな話題でスタート
相手の近況や、「私も秋田県の出身で〜」など、まずはリラックスできる会話から始める。

Ⅱ キーワード・しぐさ・表情をメモ
ICレコーダーを使えば、詳細はあとで確認できる。印象的な言葉や表情など、要点をメモして。

Ⅲ 質問は臨機応変に変更
会話の脱線部分が魅力的な話であることも。目的がずれない程度に、質問内容を変えてみよう。

Ⅳ 相手への関心が伝わる姿勢で
「あなたのことが知りたい」という気持ちが伝わると、心を開き、気持ちよく語ってくれる。

インタビュー 編

Q&A形式か、三人称で記事を構成

Q&A形式

――映画の撮影を終えて、どんな休日を過ごしていますか？

「ジムに行ったり、買い物に出かけたりすることが多いかな。最近は読書にハマって、本屋さんに立ち寄ることも。いろいろな本を眺めながら、つい長居しちゃいます」

――お茶を飲みながら気軽に試し読みできる本屋さんがお好きだそうですね。どんなジャンルの本が多いですか？

「時代劇の舞台に出演して以来、歴史小説に夢中なんです。推しは、池波正太郎と藤沢周平です」

――読書好きなのは、子どものころからですか？

「じつは最近まで、本の面白さを知らなくて。実家はあまり裕福じゃなかったから、本を買えなかったんです」

✏️ いちばん心が動いたところは？ それを軸に構成しよう

インタビュー記事をまとめるとき、次の３つの構成がよく使われます。それぞれの特徴を知り、書き手のスキルや「読み手にどう伝えたいか」を考えながら選びましょう。

１．Q＆A（一問一答形式）：質問と答えの繰り返しで構成された文章。初心者でも書きやすい。

２．一人称（モノローグ形式）：取材対象者が語るスタイル。その人らしい言葉遣いなどをいかし、人物像や個性を描き出せる。

３．三人称（ルポルタージュ形式）：インタビュアーの視点で表現するスタイルの文章。「だ・である調」の文体が基本。

上手く書けてるー？

三人称形式

夏公開予定の映画「××××」の撮影がクランクアップし、ひさしぶりの休日を過ごしているたぬ次郎さん。ジムに行ったり、買い物に出かけたりすることが多いという。お気に入りのスポットは、カフェが併設されている大型の書店だ。

「昨年、幕末志士の時代劇に出演して以来、歴史小説に夢中なんです。推しは、池波正太郎と藤沢周平です」

愛用のトートバッグから二冊を取り出し、見せてくれた。

読書好きは子どものころから？　そう尋ねると、たぬ次郎さんは、どこか遠くを見つめる少年のような表情を浮かべた。

「じつは最近まで、本の面白さを知らなくて。実家はあまり裕福じゃなかったから、本を買ってもらえなかったんです」

ルポルタージュ 編

体験した事実を書く。街ブラも立派なルポになる

✏ 現場からの報告、レポートが「ルポルタージュ」

「ルポルタージュ」の語源は、「reportage」と綴る、「報道」「現地報告」という意味のフランス語。記者やライターがさまざまな現場に出かけて取材し、その内容をもとに記事を書き、メディアを通じて報告することを「ルポルタージュ」といいます。略して「ルポ」。ルポルタージュを書く人は、ルポライターとよばれます。

ジャーナリストとルポライターとの違いは、書く内容に含まれる、筆者の見解、主張、批判の度合いなど。ジャーナリストは、社会事象や時事問題に対して、自分自身の視点を軸に、解説・分析・批判を加えた文章を書きます。

一方、ルポライターは、現場からのいきた報告、記録、実録であり、できるだけ客観的に、詳細に、また生々しくレポートすることが求められます。すぐれたルポルタージュは、読者の心を揺さぶり、共感や気づきを与えるだけでなく、ときに社会に警鐘を鳴らすノンフィクション作品として注目されます。

Good

　カメラを持って散歩に出かけた。空き地や道端に咲いている小さな花を見るとほっとする。色が鮮やかで華やかな花は元気をくれる。でも疲れている時は、ちょっと力が強すぎる。
　道端で、水色の小さなかわいい花を見つけた。調べると、「きゅうり草」というらしい。茎を折ってみたら、ほんとにきゅうりのにおいがした。

（文章教室の受講生 Chibiccoさんの作品）

　職場内は静まり返り、挨拶を返してくれる社員はほぼいない。始業前でも派遣社員同士での会話は禁じられていた。（中略）
　昼休みには、ほとんどの社員が自席で会話もせずに昼食をとる。毎日違うカップラーメンの匂いを漂わせている覇気のない男性社員の姿が妙に印象的だった。

（文章教室の受講生 Massaさんの作品）

PART7　ネットで"セミプロ"ライターをめざす

じつは明日、展覧会に行く予定なんだけど……

素敵！　じゃあ、そのルポを書いてみよう

ルポルタージュ 編

街や店、人、
起きていること。
事象を観察して歩く

🖊 現場の空気を肌で感じて！　インタビューも忘れずに

　事実は小説より奇なり。どんな人物か、どんな土地か、どんな事件か、どんな体験か。現場で捉えたそれらの"事実"を、魅力的に伝えるのがルポルタージュです。

　たとえば、ある展覧会のルポルタージュを書く場合。実際に書き手が展覧会に足を運び、取材をするところから始まります。

　展覧会の状況や内容、現場の空気感、関係者の話、書き手自身が感じ取ったことなどを、取材ノートに記録します。来場者の数、客層、作品の展示・配置などの客観的な情報も、すべて書き留めておきましょう。「このくらいなら覚えていられる」といった油断は禁物。現場の高揚感にのまれて、肝心な情報を忘れてしまうこともあり、メモは必須です。

　ルポルタージュの面白さを決定づけるのは、関係者へのインタビュー。相手の語りや表情などをリアルに引用しながら、書き手ならではの独自の視点で、現場のようすを描き出しましょう。

空気感、インタビューのほか、客観的な情報もとってくる

ノリや勢いだけの原稿にならないよう、事実確認もていねいに。

✅ **来場者の数、客層は?**
「盛況だった」だけではダメ。具体的な数や、客層も確認する。

✅ **展示内容、レイアウトは?**
どんな作品が、どのような空間、工夫のもとで展示されているか。

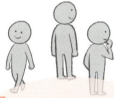

✅ **学芸員が語る見どころは?**
基本は事前依頼が必要だが、アポなしでもコメントをくれることも。

✅ **来場者の感想は?**
記事の趣旨を伝え、「感想を聞かせてください」と話しかけてみる。

✅ **現場の空気感は?**
来場者の表情、他のメディアの取材ぶり、熱気など。

✅ **印象に残った作品は?**
どんな作品に、心がどのように動いたのか、自分らしい言葉で語る。

PART 7　ネットで"セミプロ"ライターをめざす

ルポルタージュ 編

自身の「視点」は残し、「主観」を排した記事にする

✎ いちばん伝えたい内容を決め、第三者目線で書く

　ルポルタージュを面白くするポイントは、たくさん見つけた事実のなかから、どの場面をどう切り取るかです。きわめて印象的な人物を軸にして切り取るのか、現場で目にした面白いできごとを中心に切り取るのか。書き手がいちばん伝えたい点を決め、その瞬間がくっきりと浮かび上がるように切り取ってください。

　また、書き手が「私が、私が」としゃしゃり出ず、押しつけがましくないスタンスであることも大切です。つまり、自分が表現したい事象を、自分だけの世界にとどめないこと。「私は」の主語は徹底的に排し、第三者目線の文体をいかしましょう。目の前の魅力的な人物や景色を映し出す、映写機のようなイメージです。

　ただ、肝心の素材がなければ、映写機のように映し出すことも、上手に編集することもできません。まずは実際の現場で、好奇心をもって、さまざまな事象や人物にふれ、五感で感じ取ってきてください。最後のワークとして、楽しんで取り組みましょう！

Good

　201X年5月。東京・港区の防潮扉に描かれた、傘をもつネコの絵が、「覆面アーティスト・NYANKSYの作品かもしれない」と話題を呼んだ。それから3年の時を経て、あの防潮扉のすぐそばに、いつでもだれでも無料でNYANKSYの作品を鑑賞できる、期間限定のギャラリーが誕生した。

　まず人目を引くのが、廃材やゴミを利用した巨大なトンネルアートだ。なかには、家族連れやカップルたちが20人ほど。手にしたペンでトンネル内に落書きをしているようだ。よく見ると、天井から床まで、さまざまなネコのイラストで埋め尽くされている。

「このトンネルは、鑑賞者が参加することで完成するインスタレーションなんですよ」

　本プロジェクトを企画した学芸員、魚見氏が説明してくれた。

やってみよう！

いよいよラストのワーク。「今日のよりみち」のように、
どかかの街をテーマにしたルポルタージュ記事を、1200字以内で書いてみよう。
ルポライターとしての分析、感想も交えて書こう！

魅力となる要素

- どんな街なのか。風景、歴史、特徴など
- どんなお店があるか。その街らしいお店のエピソードなど
- その店にはどんな人がいるか。店主、スタッフ、お客さん
- その人たちはどんな思いを抱いているか
- そのお店にはどんな味の、どんなメニューがあるか

最後のワーク、楽しんで書いてね！

あとがき

　おめでとうございます！　最後まで文章教室に参加し、各パートの課題に挑戦したあなたは、すでに書き手の第一歩を踏み出しています。

　人は、なぜ、誰かが書いた文章に魅力を感じたり、心が動いたりするのでしょう。
　それは、人間という生き物が、しょうもなくて、バカバカしくて、チャーミングで、愛おしい存在だから。そんな人間が綴る文章に、読み手はジーンとしたり、ほっとしたり、クスッとしたり、熱い思いがこみ上げたりするのです。

　さあ、誌上ワークショップはこれで終わり。
　ここからは、一歩外に出て、SNSやブログ、note、コラム記事など、さまざまな文章の表現者として、身につけたことをどんどん実践してください。書くことの楽しさや面白さはもちろん、人や社会と思いを共有し、つながっていく喜びを実感することができるはずです。

最後になりましたが、これまで小川こころの文章教室にご参加くださったすべての受講生様に、厚くお礼申し上げます。皆様に励まされ、多くの刺激や発見をいただいたおかげで、本書が生まれました。

　また、私のガムシャラな活動や好奇心に振り回されつつ、いつも応援してくれる、まろんさん、奈流さん、大輔さん、弘毅さん、敬子さん、修一さん、晴美さんに、心から感謝と愛を贈ります。
　そして、文章教室を本にしましょうとお声がけいただき、素敵な企画をご提案くださったナツメ出版企画の梅津愛美さん、本書で伝えたいメッセージを誰よりも理解し、道筋を示してくださったオフィス201の川西雅子さんに、心より感謝申し上げます。

何を書くか考えるだけで
ワクワクしちゃうな〜

エッセイで、新たな
境地を切り拓こうかな！

小川こころ　おがわこころ

　文筆家、ライター、文章教室講師。福岡県出身。

　大学卒業後、楽器メーカー勤務を経て、全国紙の教育部門に所属する新聞記者として、小学生新聞を担当。その後広告会社にてコピーライター職を経験し、独立。「文章スタジオ東京青猫ワークス」を設立し、「文章の可能性」や「書くことの面白さ」を多くの人に伝えるべく、文筆活動や講師活動に力を注ぐ。

　「ストアカ／まなびのマーケット」（ストリートアカデミー）の 2019 年度、2020 年度アワードでは、ビジネススキル部門で２年連続「優秀講座賞」受賞。累計受講生数は 3300 人に。企業におけるライティングセミナー実績も多数。

● 小川こころの文章教室　https://www.street-academy.com/steachers/31074
● 執筆、ライティング研修などのご依頼はこちらへ　tanteirody@gmail.com

STAFF

本文デザイン	3Bears（佐久間勉　佐久間麻理）
本文イラスト	村山宇希
校正	渡邉郁夫
編集協力	オフィス２０１（川西雅子）
編集担当	梅津愛美（ナツメ出版企画）

ナツメ社Webサイト
https://www.natsume.co.jp
書籍の最新情報（正誤情報を含む）は
ナツメ社Webサイトをご覧ください。

本書に関するお問い合わせは、書名・発行日・該当ページを明記の上、下記のいずれかの方法にてお送りください。電話でのお問い合わせはお受けしておりません。
・ナツメ社 web サイトの問い合わせフォーム　https://www.natsume.co.jp/contact
・FAX（03-3291-1305）
・郵送（下記、ナツメ出版企画株式会社宛て）
なお、回答までに日にちをいただく場合があります。正誤のお問い合わせ以外の書籍内容に関する解説・個別の相談は行っておりません。あらかじめご了承ください。

ゼロから始める文章教室　はじ　ぶんしょうきょうしつ

2021 年 11 月 4 日　初版発行

著　者	小川こころ　おがわ	ⓒOgawa Kokoro, 2021
発行者	田村正隆	

発行所	株式会社ナツメ社
	東京都千代田区神田神保町 1-52 ナツメ社ビル 1F（〒 101-0051）
	電話　03（3291）1257（代表）　FAX　03（3291）5761
	振替　00130-1-58661
制　作	ナツメ出版企画株式会社
	東京都千代田区神田神保町 1-52 ナツメ社ビル 3F（〒 101-0051）
	電話　03（3295）3921（代表）
印刷所	ラン印刷社

ISBN978-4-8163-7092-2
〈定価はカバーに表示してあります〉　　〈落丁・乱丁本はお取り替えします〉

本書の一部または全部を著作権法で定められている範囲を超え、ナツメ出版企画株式会社に無断で複写、複製、転載、データファイル化することを禁じます。